Alain Bauer

Héros et héroïnes (*pas si*) ordinaires

FIRST
ÉDITIONS

ISBN : 978-2-412-09991-9
Code éditeur : S09991/01
Dépôt légal : février 2025
Imprimé en France par Normandie Roto Impression s.a.s. en janvier 2025
N° d'impression : 2500239

Corrections : Anne-Lise Martin
Illustration de couverture : Tiffany Beucher
Maquette intérieure : Istria

Éditions First, un département d'Édi8
92, avenue de France
75013 Paris – France
Tél. : 01 44 16 09 00
Fax : 01 44 16 09 01
Courriel : firstinfo@efirst.com
Site Internet : www.editionsfirst.fr

Sommaire

Introduction

On a tous un jour eu ce moment de magie
Croisé ce héros malgré lui qui veut sauver une vie
Un mot, un sourire, une histoire et l'espoir fleurit
À tous ces héros malgré eux, j'voulais leur dire merci. »

Soprano
Extrait de « À nos héros du quotidien » (*Phœnix*, 2018)

Héroïnes et héros, si l'on en croit l'essentiel de la littérature qui leur est consacrée, ont à force de courage su se faire un nom : leurs vertus ont été érigées en exemple, si ce n'est en idéal.

L'éclat de leurs actes ayant illuminé leurs parcours, ils deviennent des élus, sont connus et reconnus, cités, admirés, aimés, et en cela extraits de l'anonymat auquel est condamnée l'immense majorité du genre humain.

Pour un moment ou pour longtemps. Dans une brève ou dans un livre.

S'ils sont encore inconnus, c'est dans l'attente du dévoilement qui va révéler leur action ou leur visage. S'ils sont invisibles, c'est dans l'attente du surgissement qui va les voir résoudre l'équation du malheur ordinaire. Si leurs actes précèdent leur notoriété, c'est qu'en précurseurs, il leur faut encore aplanir le chemin.

La notoriété semble bien être, en effet, le propre des héros, ce qui les identifie en tout temps et en tout lieu, des récits mythiques aux brèves de comptoir, en passant par les panégyriques, les citations à l'ordre du régiment et tout particulièrement les oraisons funèbres.

Tout se passe comme si, en avalisant leur geste, l'histoire élisait les héros parmi le nombre immense de celles et ceux qui ont répondu à l'appel du courage, les dépossédant d'eux-mêmes pour en faire à la fois une légende, un idéal et un archétype.

Nous retrouvons alors leurs noms aussi bien dans les contes que dans les chroniques, dans les récits populaires que dans les annales, dans les mythologies que dans les livres d'histoire, au point qu'ils dessinent, en chacun d'entre nous, la physionomie du héros, dont le propre est d'être habité par quelque chose de plus grand que soi.

Cette façon qu'il a d'abriter et d'incarner ce qui le dépasse destine le héros à une fin tragique, comme si l'absolu de son inspiration le conduisait et le condamnait aussi, parfois, à se briser contre le relatif du monde.

C'est là toute la tragédie du héros, étant donné que, selon Eschyle, « les dangers de la vie font sa valeur. Le héros est celui qui relève le gant quand toutes les chances sont contre lui ».

Tels sont les héros qui s'offrent à notre mémoire et pétrissent notre imagination : impropres au temps, dont semble s'être émancipée leur abnégation, comme à l'éternité, au seuil de laquelle ils finissent toujours par s'échouer, ne survivant qu'à l'état de souvenir, dans ce purgatoire que prolonge, de génération en génération, la mémoire fragile des hommes.

Ce sont Achille et Hector dont l'affrontement semble survivre à la fin de Troie ; c'est Vercingétorix qui capitule en vainqueur lorsqu'il jette ses armes aux pieds de César ; c'est Caius Mucius Scaevola qui rend sa main éternelle en la sacrifiant ; c'est Missak Manouchian honoré avec ses camarades par l'affiche qui les calomniait et les condamnait ; c'est Jean Moulin que l'histoire, par la voix de Malraux, invite à son Panthéon ; et tant d'autres noms qui relèvent en nous l'image de l'homme universellement dégradée.

Ces héros-là nous sont connus davantage que nous-mêmes. Leurs histoires, au fond si tragiquement semblables, tissent la trame en nous de cet héroïsme auquel nous aspirons sans nous en croire vraiment capables : cet héroïsme si intime à notre désir, à notre rêverie, et si éloigné de notre quotidien.

Il existe pourtant des héros moins inaccessibles, dont le courage est plus commensurable au nôtre : des héros moins archétypaux, sans doute, et pour cela moins connus que celles et ceux dont notre mémoire garde la trace.

Ce sont des femmes et des hommes, des animaux aussi qui, pour un instant ou un moment, pour une minute ou une vie, se sont engagés au-delà de leurs limites habituelles pour aider, sauver, les autres. Ces autres qui n'ont pas forcément le contour d'une nation, l'énergie d'une cause ou même le visage d'un humain. C'est ici un enfant, là un animal en voie de disparition, parfois une ville sauvée du pillage ou un frère d'armes blessé extrait du champ de bataille.

Ces héros ordinaires, héros quotidiens, héros à notre mesure, encore loin de celles et ceux que forgent, en plus de leurs simples actes, la mémoire mythique et la grande histoire, sauvent sans distinction.

Car l'héroïsme véritable, au sens de véritablement vécu, est peut-être à chercher, comme le fait remarquer Vauvenargues, à rebours de la notoriété : « Si un homme est né avec l'âme haute et courageuse, s'il est laborieux, altier, ambitieux, sans bassesse, d'un esprit profond et caché, j'ose dire qu'il ne lui manque rien pour être négligé des grands en place, qui craignent, encore plus que les autres hommes, ceux qu'ils ne pourraient dominer[1]. »

Ce sont ces petits « miracles de lumière » dans l'obscurité des temps, ces *fioretti*[2] d'un héroïsme « humain trop humain », ces expressions aléatoires d'un meilleur de l'homme conscient de son imperfection, que recense ce livre, « une collection de

1. *Réflexions et maximes*, 1746.
2. Anecdote, histoire merveilleuse ou petit miracle illustrant la vie d'un saint.

mots et de phrases » en l'honneur des héros trop humbles, trop ordinaires, ou trop discrets pour être devenus, par le mythe ou par l'histoire, légendaires.

Celles et ceux qui ont su transformer leur vie en s'attachant à transformer celle des autres, ne serait-ce que d'un autre, et qui ont fait du quotidien le lieu d'une forme de salut.

C'est d'eux que traite ce livre et c'est à eux qu'il rend l'hommage personnel, aimant, amoureux, de celui qui voudrait que chacun d'entre nous se rappelle, même au fil d'une seule page, ce que nous leur devons.

« Le citoyen secoureur comme sauveteur médaillé[3] »

« Les premières médailles d'honneur pour actes de courage et de dévouement, appelées médailles de sauvetage, ont été décernées sous Louis XIV et sous Louis XVI. Mais ce n'est que le 2 mars 1820 que le roi Louis XVIII en organise l'attribution. Décernée par le ministre de la Marine afin de récompenser les marins qui se signaleraient par leur dévouement pour sauver les personnes ou les biens exposés à périr dans les flots, cette récompense honorifique pouvait être portée à la boutonnière, suspendue à un ruban tricolore.

Le 31 janvier 1833, une circulaire ministérielle autorise le ministère de l'Intérieur à décerner une médaille destinée à récompenser le courage et le dévouement des personnes qui, au péril de leur vie, en ont sauvé d'autres.

La Médaille de sauvetage prendra, par décret du 16 novembre 1901, le nom de Médaille d'honneur pour actes de courage et de dévouement[4]. »

---

3. Fréderic Caille, *La Figure du sauveteur. Naissance du citoyen secoureur en France, 1780-1914*, Presses universitaires de Rennes, 2006.
4. « Médaille d'honneur pour acte de courage et de dévouement », Wikipédia.

Arnaud Beltrame
Le sacrifice ultime

Arnaud Beltrame est sans doute le symbole du sacrifice ultime, celui de sa propre vie, au nom de sa conception du devoir. Le lieutenant-colonel de gendarmerie est en effet mort le 23 mars 2018 lors de son intervention dans un supermarché de Trèbes (Aude), alors qu'un terroriste islamiste retenait une hôtesse de l'enseigne en otage.

Le parcours meurtrier de ce Marocain naturalisé français quatre ans plus tôt commence le matin du 23 mars, à Carcassonne, où il réside avec sa famille. Ce jour-là, il ouvre le feu sur les occupants d'une Opel Corsa afin de s'emparer du véhicule. Le conducteur est grièvement blessé à la tête, son passager est tué net. Le jihadiste prend le volant, s'arrête un moment devant la caserne du régiment de parachutistes d'infanterie de marine dans le but d'abattre des militaires. Un groupe de quatre policiers de la 53e Compagnie républicaine de sécurité (CRS) en plein footing passe par là. Le mauvais endroit au mauvais moment, ou un petit miracle pour les soldats. Le terroriste tire à six reprises sur les CRS et blesse grièvement l'un d'eux.

Le tueur file ensuite vers Trèbes, petite ville située à quelques kilomètres de Carcassonne, et se gare sur le parking du supermarché. À peine entré, il tue le chef boucher et un client, provoquant la panique et la fuite de toutes les personnes présentes. Certaines trouvent refuge dans la chambre froide. Le terroriste, lui, choisit de se retrancher dans la salle des coffres, pour le plus grand malheur de l'hôtesse de caisse qui s'y trouve déjà. Julie, âgée de 40 ans, est prise en otage.

Un peu après 11 heures du matin, les hommes du peloton de surveillance et d'intervention de la gendarmerie nationale sont sur place. À leur tête, le lieutenant-colonel Beltrame, le plus haut gradé sur place, propose immédiatement au terroriste de prendre la place de l'otage. L'échange effectué, il se retrouve face à face avec le terroriste. Des discussions s'engagent, avec l'appui de négociateurs du RAID (Recherche, assistance, intervention, dissuasion) par téléphone. Après trois heures de négociations infructueuses, Arnaud Beltrame qui a laissé discrètement son téléphone en ligne avec ses collègues lance : « Assaut ! Assaut ! Assaut ! »

Trop tard. Lorsque les gendarmes du GIGN pénètrent dans la salle des coffres et abattent le terroriste, ils découvrent le lieutenant-colonel Beltrame allongé sur le sol dans une mare de sang. Atteint de plusieurs balles et d'une profonde blessure à l'arme blanche au niveau du cou, il décédera des suites de ses blessures dans la nuit à l'hôpital.

Promu au grade de colonel et de commandeur de la Légion d'honneur à titre posthume, cité à l'ordre de la Nation, Arnaud Beltrame a reçu un hommage national à Paris, le 28 mars 2018, avant d'être inhumé au cimetière de Ferrals-les-Corbières (Aude).

partie 1
Sauver
Héroïnes et héros d'un jour

« Il ne s'exhibe pas et rayonnera.
Il ne s'affirme pas et s'imposera.
Il ne se glorifie pas et son mérite sera reconnu.
Il ne s'exalte pas et deviendra le chef.
Comme il ne rivalise avec personne,
Personne au monde ne peut rivaliser avec lui. »

Lao Tseu[5]

"Ordinary people
They're gonna bring the good things back, nose-to-the stone people
Put the business back on track, ordinary people
I got faith in the regular kind, hard workin' people
Patch-of-ground people"

Neil Young

"We can be Heroes, just for one day
We can be us, just for one day"

David Bowie

5. *Tao-te king*, XII.

Pourquoi choisir ces héros-là ?

Comment décider que leur action a été plus déterminante, plus remarquable, plus imposante que des milliers d'autres gestes dont certains n'ont même pas été mentionnés dans un bulletin municipal ou paroissial ?

Certains ont pourtant marqué la mémoire collective par leur sacrifice. D'autres, tout aussi présents lors des faits, ont été occultés par le martyre d'une ou d'un des leurs.

Certains préfèrent l'anonymat ou la discrétion.

Beaucoup pensent que leur geste est « normal », ordinaire, que « tout le monde aurait fait la même chose ».

Pourtant, dans un espace d'indifférence, de peur, ou plus souvent marqué du réflexe de filmer avec son portable plutôt que de porter secours, héroïnes et héros se font moins rares qu'on ne le pense.

Voici celles et ceux qui, en un instant, souvent sans préparation, ont dû agir pour sauver.

IRENA SENDLER

Trois mille enfants cachés dans des bocaux de verre

Irena Sendler est née Irena Krzyżanowska le 15 février 1910 à Varsovie. Son père meurt en février 1917 du typhus qu'il a contracté en soignant des patients que ses collègues refusaient de traiter. Après sa mort, elle étudie la littérature polonaise à l'université de Varsovie. Elle s'oppose au système des bancs du ghetto qui existait dans certaines universités polonaises d'avant-guerre et dégrade son bulletin de notes. À la suite de sa protestation publique, elle est suspendue pendant trois ans.

Lorsque le ghetto de Varsovie est érigé en 1940, Irena (nom de code Jolenta) utilise ses papiers d'assistante sociale et ceux de l'un des employés du département des maladies contagieuses (membre de la résistance clandestine) pour entrer dans le ghetto. Avec ses complices, elle fabrique plus de trois mille faux documents pour aider les enfants des familles juives à fuir. Elle est devenue la responsable de la division des enfants de Zegota (un groupe clandestin polonais d'aide aux juifs).

Irena et les dix personnes qui l'accompagnent dans le ghetto emploient de nombreuses méthodes pour faire sortir clandestinement les enfants : en utilisant une ambulance (un enfant pouvait être caché sous la civière) ; en passant par un accès caché du palais de justice, par les égouts ou d'autres passages souterrains secrets ; en cachant un enfant dans un chariot, dans un sac, un coffre, ou encore une valise.

Lorsqu'un enfant pouvait faire semblant d'être malade ou l'était réellement, il pouvait être aussi légalement enlevé à l'aide d'une ambulance. De plus, il y avait à côté du ghetto une église, dont l'entrée était « scellée » par les Allemands. Si un enfant juif parlait bien le polonais et prononçait quelques prières chrétiennes, il pouvait être introduit clandestinement par cette entrée, puis emmené du côté « libre ».

Irena a aussi parfois utilisé un chien qui aboyait furieusement à l'approche des contrôles pour masquer tout bruit suspect. Par ailleurs, avec son réseau, elle veillait à ce que chaque famille cachant un enfant comprenne que celui-ci devait être rendu à des parents juifs après la guerre.

Irena a été arrêtée le 20 octobre 1943. Elle a été placée dans la tristement célèbre prison de Piawiak, où elle a été constamment interrogée et torturée. Elle a eu les jambes et les pieds fracturés. L'Allemand qui l'a interrogée était jeune, très élégant, et parlait parfaitement le polonais. Il voulait connaître les noms des dirigeants de Zegota, et ceux des autres personnes impliquées. Irena lui donne la version qu'elle et ses collaborateurs ont préparée au cas où ils seraient capturés. Mais son interrogateur lui présente un dossier contenant des informations sur les lieux, les dates et les personnes qui l'ont dénoncée. Condamnée à mort, elle doit être fusillée.

Or, à son insu, Zegota a soudoyé le bourreau, qui l'a aidée à s'échapper. Le lendemain, les Allemands proclament bruyamment son exécution. Des affiches sont placardées dans toute la ville pour annoncer qu'elle a été fusillée. Irena lit elle-même les affiches.

Pendant les dernières années de la guerre, elle a vécu cachée, tout comme les milliers d'enfants qu'elle avait sauvés. Irena était la seule à savoir où ceux-ci se trouvaient. Lorsque la guerre a été enfin terminée, elle a déterré les bouteilles en verre dans lesquelles elle avait minutieusement noté sur du papier de soie fin leurs noms et a commencé à rechercher les enfants et à essayer de retrouver un parent vivant. Hélas, presque tous les parents directs des enfants sauvés par Irena étaient morts au camp de Treblinka.

MARY KINGSLEY

Une Anglaise chez les anthropophages

Mary est née à Londres le 13 octobre 1862 à Londres. Son père est le médecin, écrivain et grand voyageur George Kingsley et sa mère une employée de cuisine avec laquelle il avait eu une aventure. La grossesse de celle-ci n'était pas désirée mais, dans les conditions de l'époque, le mariage apparaît à tous les protagonistes comme la seule option décente et est célébré quatre jours avant la naissance de Mary, lui évitant *in extremis* le statut d'enfant illégitime.

George étant occupé à explorer les quatre coins de globe, il est un père absent, capable de disparaître pendant des mois, voire pendant des années, se contentant de donner de ses nouvelles par voie postale. La mère de Mary est par ailleurs rapidement malade, exige des soins et une surveillance permanente qui empêchent Mary d'être scolarisée ou de jouir d'une vie sociale classique.

Elle ne sort pas de chez elle et, lorsqu'elle a fini de s'occuper de sa mère, elle passe l'intégralité de son temps libre à dévorer tous les livres de la considérable bibliothèque de son père : autodidacte et insatiable, elle apprend le latin, l'arabe, le syrien, l'allemand, étudie la physique et la chimie. Surtout, elle nourrit ses rêves des récits des grands explorateurs qu'elle affectionne particulièrement et qui lui permettent de construire la figure d'un père héroïque.

C'est précisément ce père jusqu'à présent largement démissionnaire et défaillant qui prend conscience des talents de sa fille et l'associe progressivement à ses entreprises en lui demandant de cataloguer tous les échantillons et spécimens qu'il lui fait parvenir de l'étranger. Mais brutalement, en 1892, son père meurt des suites de la maladie de Bouillaud et est suivi dans la tombe par sa mère six semaines plus tard. Mary se retrouve seule... mais libre. Elle décide alors de partir pour l'Afrique qui la fascine depuis toujours et reste encore largement *terra incognita*. Les témoignages de cette époque, à commencer par ceux de son grand ami Rudyard Kipling, nous la montrent vêtue de son éternelle robe noire longue et coiffée de son immuable chapeau, courageuse et intrépide, n'hésitant pas à combattre avec les moyens du bord un crocodile un peu entreprenant ou un léopard affamé.

S'il existe une seule chose au monde capable d'effrayer Mary, nous dit-il, alors personne ne l'a encore trouvée. Entre 1893 et 1894, elle explore donc les territoires qui forment aujourd'hui le Nigeria, la Sierra Leone et le Gabon. Elle devient au passage la première femme à gravir le mont Cameroun qui culmine à 4 040 mètres d'altitude, afin de trouver le meilleur observatoire possible pour étudier la chaîne de montagnes qui borde la ville de Caladar. Également passionnée par l'anthropologie, en plein essor en cette fin du XIXe siècle où l'affirmation des sentiments nationaux fait très bon ménage avec un fort tropisme pour tout ce qui touche à l'altérité et où les empires coloniaux en extension constituent un vaste terrain d'études, elle décide de vivre parmi une tribu d'anthropophages, les Fang.

Confrontée à des pratiques pour le moins déconcertantes pour toute Anglaise de l'époque, elle ne se laisse pas pour autant impressionner et refuse de considérer les peuples qu'elle côtoie comme des sauvages à qui il conviendrait d'apporter les lumières de la civilisation. Au contraire, elle s'élève contre le fait que les autorités européennes ne réservent que leurs « vieux jouets » au continent : « des missionnaires, des commis, de bonnes intentions, l'ignorance et des mitrailleuses Maxim ».

L'Afrique mérite mieux aux yeux de Mary qui y consacre sa vie au point de ne jamais se marier. En dépit d'une indépendance remarquable pour une femme de son temps ainsi que d'un travail considérable qui a permis de faire progresser la recherche dans de nombreux domaines, d'aucuns reprochent cependant à Mary de n'avoir jamais apporté le moindre soutien à la cause féministe qui se structurait alors. Volontiers acrimonieuse à l'égard des militantes de cette cause, elle assurait même qu'elle préférerait être pendue plutôt que de porter un pantalon. Peut-être, avancent certains, avait-elle conscience que ses travaux, s'ils étaient sortis du cerveau d'une féministe identifiée comme telle, auraient eu moins d'écho ; peut-être tout simplement était-elle une héroïne du quotidien, persuadée que son action concrète, fruit de sa seule volonté, hors de toute revendication politique, lui permettrait seule de gagner sa liberté et, pourquoi pas, d'inspirer un jour celles qui voudraient en faire autant.

LYCÉENS D'ANTIBES

Comment sauver son prof

L'héroïsme est souvent un moment d'inversion, qui voit l'homme anodin supplanter l'homme exceptionnel, le soldat d'un jour éclipser le militaire de carrière, ou encore l'élève secourir le maître.

C'est ce qui se passe dans l'après-midi du 17 décembre 2018, au lycée Audiberti d'Antibes, quand un professeur de sport d'une quarantaine d'années qui discute avec ses élèves soudain s'écroule, victime d'un malaise cardiaque.

Les quatre lycéens placent immédiatement l'enseignant en position latérale de sécurité, avant de constater qu'il ne respire plus. Alors que l'un d'entre eux court prévenir l'infirmière de lycée, un deuxième commence à lui faire un massage cardiaque, avant qu'un troisième ne fasse usage du défibrillateur.

Quand l'infirmière puis les pompiers arrivent, ils découvrent des élèves calmes, précis et bien organisés. Et c'est conscient que l'enseignant est transporté à l'hôpital.

Sans l'efficacité de ses élèves, ce professeur de sport aurait sans doute fait partie des cinquante mille décès prématurés causés chaque année par un arrêt cardiaque s'ils ne font pas l'objet d'une prise en charge immédiate.

Au-delà de l'enjeu majeur de santé publique que constitue la formation aux gestes de premier secours, qui a depuis largement progressé, il faut saluer la sérénité de ces lycéens qui se sont comportés, face à un événement à la fois inattendu et traumatisant, comme de véritables professionnels de la sécurité civile.

Parmi tous ceux qui maîtrisent les gestes qui sauvent, seuls peuvent être appelés héros ceux qui parviennent à dompter leur émotion pour les réaliser quand et comme il le faut. Et si l'héroïsme tient toujours à une forme d'adéquation entre l'étendue de ce qui est possible et l'urgence de ce qui est nécessaire, alors les quatre élèves d'Antibes méritent leur place dans cet ouvrage.

SOPHIE ROLLET

Une Erin Brockovich à la française

Le propre du héros est de ne pas accepter : ni le « c'est comme ça » qui est l'alibi du malheur ordinaire ni le « à quoi bon » qui est l'alibi de son acceptation. Quand il croise l'injustice sur son chemin, le héros devient le fanatique de Churchill : il ne veut changer ni d'avis ni de sujet.

Sophie Rollet a connu cette transformation de la personne ordinaire en héroïne au détour du malheur et de l'injustice. Quand elle apprend, le 25 juillet 2014, que son mari, Jean-Paul, chauffeur routier, vient de mourir dans un accident sur l'A36 dans l'est de la France, sa vie bascule dans le deuil, impossible mais nécessaire, puis dans le combat pour la vérité possible et nécessaire.

C'est que les circonstances de la mort de son mari, particulièrement expérimenté, l'alertent : ce serait l'éclatement du pneu d'un autre poids lourd qui aurait entraîné la collision des deux cabines, pulvérisées par l'impact. Autour d'elle, on s'entend à la protéger, en attribuant le drame à cette fatalité qu'on appelle pudiquement « la faute à pas de chance », mais aussi en la privant de voir la dépouille de son mari.

Un an après l'accident, l'affaire est classée par la justice, mais pas pour Sophie Rollet, qui considère, à juste titre, que la vérité n'a été ni faite ni dite sur les circonstances de la mort de son mari. Elle ouvre sa propre enquête pour comprendre les causes de l'accident. Elle épluche la procédure de la gendarmerie où elle repère plusieurs erreurs et incohérences qui la confirment dans le pressentiment qu'il y a bien « quelque chose à voir » derrière le rideau du dramatique mais simple accident de la route. C'est alors qu'elle ne recense pas moins de soixante-seize accidents semblables à celui qui l'a privée de son mari et en arrive à identifier un modèle de pneumatiques fabriqués par la firme américaine Goodyear.

Inlassablement, sans céder à aucune pression, elle amasse les éléments objectifs qui dévoilent les responsabilités de la multinationale derrière les « C'est bien triste, mais tu n'y peux rien », « Passe à autre chose », « Tourne la page » qui entravent toujours l'émergence, en la femme, de l'héroïne.

Son obstination paie, puisqu'en septembre 2022, sur la base de ses recherches, le tribunal de Besançon ouvre une nouvelle enquête. Et en mai 2024, des perquisitions sont menées en France, Belgique et Luxembourg.

En devenant enquêtrice, puis lanceuse d'alerte, Sophie Rollet nous rappelle que la vérité a besoin de notre engagement, de notre abnégation, de notre obstination pour être exhumée, là où une forme de consensus paresseux, parfois encouragé par les intérêts des puissants, l'a tout simplement enterrée. Et que l'héroïsme est, à proprement parler, cet attachement à la vérité « quoi qu'il en coûte ».

SEBASTIAN ARIAS

Presque trente millions d'amis

Comme chaque jour, Sebastian Arias parcourt les rues de Lima, la capitale du Pérou, sans but ni destination, avant de regagner le pont sous lequel il dort chaque soir, dans la banlieue de la ville. Sebastian n'a plus rien, ni épouse, celle-ci étant partie sans laisser d'adresse, ni domicile. Il ne sait même pas s'il a encore de l'espoir. En attendant, il use ses semelles sur les trottoirs de Lima.

Ce 10 juin 2023 n'est pas différent des autres jours lorsque Sebastian se met en route. Le hasard de ses pas le mène vers le centre de recyclage des déchets dans lequel il a travaillé, il y a longtemps. Mais à peine est-il en vue de l'usine qu'il aperçoit un panache de fumée s'échappant des toits. Un incendie s'est déclaré dans l'entreprise.

Lorsqu'il arrive sur les lieux, le feu a gagné le bâtiment voisin. Sebastian connaît bien l'endroit. Il sait qu'il abrite un refuge pour les chiens errants et abandonnés. Il entend les aboiements des pauvres animaux enfermés dans la maison.

Des passants ont réussi à libérer les chiens du rez-de-chaussée. Mais il en reste beaucoup au premier étage, tandis que sur la terrasse, tout en haut de l'immeuble, un animal affolé semble prêt à sauter dans le vide. Sebastian n'hésite pas une seconde. Il escalade la façade, extrait un à un les animaux à l'étage, avant d'atteindre la terrasse et de secourir le dernier toutou. Le tout sous les applaudissements de la foule massée dans la rue.

Au total, Sebastian a sauvé d'une mort atroce vingt-cinq jeunes chiens, dont certains à peine sevrés.

Le refuge entièrement détruit par les flammes, les chiens ont été accueillis dans une autre structure en attendant d'être adoptés. Quant à Sebastian, le héros du jour, chaleureusement félicité par les témoins, il est retourné dormir sous les ponts.

MOHAMED

Victime de son héroïsme

Nous sommes le 2 mars 2021 et Mohamed fête son dix-neuvième anniversaire quand il entend les cris d'une jeune femme au pied de son immeuble, dans un quartier populaire de Sartrouville. Maïssame, âgée de 17 ans, qui est descendue fumer une cigarette, est victime d'une agression à l'arme blanche et elle appelle à l'aide.

Mohamed ne prend pas ce temps de la réflexion qui se mue si souvent en lâcheté. Se précipitant au secours de la jeune fille, il est mis violemment K.-O. par son agresseur. Si son intervention héroïque a bien permis de sauver celle qui allait devenir une victime, elle est pour lui lourde de conséquences. Celui qui avait d'abord mal tourné, au point d'être identifié par les services de police, avant de trouver le droit chemin et de se destiner à être plombier ressort de l'altercation gravement handicapé.

Comme Marin Sauvajon à Lyon, il vient de sacrifier une part de sa vie au sauvetage d'une autre vie, dans ce qu'on peut appeler une pure manifestation d'héroïsme. Il est en effet poignardé par l'agresseur au visage, au coude droit, et dans le dos, au niveau de la moelle épinière. Évacué à l'hôpital Georges-Pompidou, à Paris, il est immédiatement placé dans un coma dont il se réveille paralysé, les médecins ne lui donnant qu'une chance sur dix de remarcher un jour.

L'opinion publique, à juste titre, s'émeut de cet acte de courage qui fait valoir à une société pétrie de préjugés la haute valeur de beaucoup de ces « jeunes de cité » en lesquels elle a tendance à voir des sans foi ni loi.

Les politiques, pris sous le feu de l'émotion populaire, font ce qu'ils savent faire le mieux, à savoir promettre, et la ministre à l'Égalité des chances s'engage à ce que la famille de Mohamed puisse bénéficier d'un logement adapté à son handicap.

Mais, comme les sociétés humaines peinent à honorer leurs héros autrement qu'en parole, le soutien tarde à se manifester, et Mohamed se retrouve à devoir vivre entre deux appartements : celui de sa mère, au quatrième étage sans ascenseur, où son frère est obligé de le porter, et celui de son père, où il est impossible, faute de place, d'installer un lit médicalisé.

Il semble que l'héroïsme ordinaire laisse de marbre cette administration au sujet de laquelle Hegel écrit sévèrement : « La machine hiérarchique, avec son omniscience et ses desseins élevés, ne manifeste aucune marque de confiance à ses citoyens, elle ne peut donc en attendre de retour ; elle ne tient pour sûre aucune opération, si elle ne l'a pas elle-même ordonnée et exécutée ; par conséquent, elle rejette les dons volontaires et le dévouement spontané ; elle fait paraître à ses sujets sa conviction de leur incompétence, son dédain de leur capacité à juger et à faire ce qui pourrait être utile à leur bien personnel, ainsi que sa croyance à l'immoralité générale ; elle ne peut donc espérer d'eux aucune activité vivante, rien qui fortifie le sentiment de leur dignité[6]. »

Dans l'attente d'une issue administrative et judiciaire sans doute positive, mais évidemment bien trop tardive, Mohamed, toujours handicapé, rêve d'un avenir qui verrait le destin rétribuer son acte héroïque.

---

6. Georg Wilhelm Friedrich Hegel, *La Constitution de l'Allemagne*, Champ Libre, 1974.

STÉPHANE FRANTZ DI RIPPEL

Le sacrifice du directeur d'hôtel

Stéphane Frantz di Rippel semble l'archétype de l'homme ordinaire que son acte de bravoure, un jour précis à un moment donné, transforme en héros, et ce au prix de sa vie.

Directeur d'hôtel, salarié du groupe international Accor, Stéphane Frantz di Rippel était aussi un père de famille, en bref, un homme sans histoires, « monsieur Tout-le-monde ». Formé au Canada, il entame sa carrière en France avant de demander sa mutation en Afrique, terre qui lui est familière, puisqu'il y a passé avec son frère et ses parents une partie de sa jeunesse.

Stéphane est muté en décembre 2010 au Novotel d'Abidjan, au Plateau, le quartier d'affaires de la ville. Cet hôtel sera le théâtre de son acte de bravoure qui permettra de sauver des vies, au prix de la sienne.

En avril 2011, Abidjan est en proie à la crise postélectorale découlant de la contestation du scrutin par le président sortant, Laurent Gbagbo, opposé à la victoire d'Alassane Ouattara. Ce dernier, s'il est reconnu comme vainqueur par la communauté internationale et d'après les résultats, se voit écarté par le Conseil constitutionnel qui soutient Laurent Gbagbo. Abidjan est alors tiraillée entre ces deux camps, l'épicentre des tensions se concentrant dans le quartier d'affaires de la ville, où travaille Stéphane Frantz di Rippel.

L'hôtel héberge notamment une cinquantaine de pensionnaires, dont une quinzaine de journalistes, dont il a la charge. Si, depuis le début des tensions, l'établissement connaît une politique de sécurité accrue, Stéphane ne se doute pas que les événements sont sur le point de dégénérer à ce point, et n'a pas conscience de la lourde responsabilité qu'il va choisir d'assumer en quelques instants. Le 4 avril 2011, plus d'une dizaine d'hommes armés pénètrent par effraction dans l'hôtel en forçant les dispositifs de sécurité. Ils demandent immédiatement à parler au directeur, dont le bureau se situe au septième étage, et forcent Stéphane Frantz di Rippel à ouvrir toutes les chambres de l'étage. Dans l'une d'entre elles, ils découvrent l'homme d'affaires Yves Lambelin, qui sera le compagnon d'infortune de Stéphane dans les heures à venir.

Les hommes demandent ensuite à Stéphane s'il héberge des journalistes. À cette question, le directeur répond sans réfléchir par la négative, sauvant par un simple « non » la vie de la quinzaine de reporters logés à l'étage supérieur, conscient pourtant des conséquences de cet acte. Stéphane et Yves Lambelin, accompagné de deux de ses collaborateurs, sont alors emmenés par les hommes armés jusqu'au palais présidentiel, à quelques mètres du Novotel, les caméras de l'établissement étant les dernières images à les montrer vivants.

L'enquête révélera par la suite la torture subie par les otages, et le coup de grâce, porté par une kalachnikov. Si deux corps sont retrouvés dans la lagune un mois plus tard, seul celui d'Yves Lambelin est identifié par l'expertise médico-légale. Le 2 juin, Stéphane Frantz di Rippel est déclaré mort. La procédure dévoilera en outre l'implication dans ces meurtres d'un commissaire de police et du chef de la garde républicaine d'alors, le général Bruno Dogbo Blé, familier du président sortant Laurent Gbagbo.

Dans le but de rendre hommage au directeur dont l'acte a sauvé de nombreuses vies, un collectif de journalistes a qualifié le comportement de Stéphane dans le quotidien

Libération de « réflexe qui va sauver des vies, les nôtres, et condamner la sienne ».

Stéphane Frantz di Rippel est décoré de la Légion d'honneur à titre posthume le 25 février 2012, et un prix littéraire portant son nom et attribué à des reporters prometteurs est créé en 2022.

Stéphane Frantz di Rippel n'aura pu bénéficier de la notoriété que son action a attachée à son nom et transformée en héros à titre posthume. Il sera resté un homme ordinaire, voire anonyme, tout au long de sa trop courte vie.

NELLIE BLY

Plus forte que Phileas Fogg

Les exploits de Nellie Bly, journaliste américaine de la fin du XIXe siècle, ont beau avoir défrayé les chroniques de son époque, ils n'ont pas permis de lui assurer une renommée posthume. Celle qui avait été qualifiée à sa mort, à l'âge de 57 ans, de « meilleure journaliste d'Amérique », a depuis longtemps disparu des mémoires.

La vie de Nellie Bly mérite sans doute mieux. Née le 5 mai 1864 en Pennsylvanie (États-Unis), la jeune Elizabeth Cochrane comprend vite qu'elle devra se débrouiller seule. Orpheline de père, abandonnée par sa mère, elle devient journaliste au *Pittsburgh Dispatch* alors qu'elle n'a que seize ans. Elle signe ses premiers articles sous le pseudonyme de Nellie Bly et se lance dans ce qui deviendra sa spécialité : l'investigation journalistique. Sa technique, l'infiltration des organisations, lui permet de décrire avec précision ce qui se passe au sein d'une usine de conserves ou d'un asile de femmes aliénées. Chaque fois, elle dénonce les conditions de vie sordides imposées aux ouvrières et aux malades, déclenchant des vagues d'émotion chez les lecteurs.

Embauchée en 1887 par le *New York World*, elle se lance deux ans plus tard dans un pari à haut risque : faire le tour du monde en moins de 80 jours et battre ainsi Phileas Fogg, le héros sorti tout droit de l'imagination de Jules Verne. Partie de Hoboken, dans le New Jersey, le 14 novembre 1889, à 9 h 40,

Nellie Bly revient le 25 janvier 1890, après 72 jours, 6 heures, 11 minutes et 14 secondes de voyage. Pari gagné.

Après un mariage avec un riche industriel qui la laisse veuve, un détour par le monde des affaires calamiteux et une banqueroute, Nellie Bly revient au journalisme comme correspondante de guerre lors du premier conflit mondial. La paix revenue, elle est de retour à New York et reprend la plume, se consacrant au monde ouvrier, à l'enfance et à la défense du droit de vote pour les femmes.

Emportée par une pneumonie le 27 janvier 1922, elle est inhumée au cimetière de Woodlawn, à New York.

LASSANA BATHILY

Le sauveur de l'Hyper Cacher

Le vendredi 9 janvier 2015, peu après 17 heures, les policiers du RAID et de la brigade de recherche et d'intervention (BRI) donnent l'assaut d'une supérette cacher, porte de Vincennes à Paris. Un terroriste islamiste y est retranché depuis plusieurs heures. Il a abattu quatre personnes et en retient seize autres en otage. L'homme a été rapidement identifié. Il s'agit d'Amedy Coulibaly, Français d'origine malienne, qui agit de façon coordonnée avec deux autres terroristes, les frères Kouachi, auteurs de l'attaque contre *Charlie Hebdo* qui a fait douze victimes, le lundi précédent. On découvrira plus tard que Coulibaly est aussi l'auteur du meurtre d'une jeune policière municipale, abattue la veille à Montrouge, en banlieue parisienne.

En quelques minutes, les colonnes d'assaut investissent le magasin, abattent Coulibaly et libèrent les otages. Une célérité dans l'action qui doit beaucoup à un homme, Lassana Bathily, Malien et manutentionnaire âgé de 24 ans, présent dans les sous-sols lorsque Coulibaly est entré, armes à la main.

Dès l'irruption du terroriste dans le magasin, Lassana a compris ce qui se passait. Il a alors proposé à plusieurs clients de s'échapper en leur montrant la seule issue possible, le monte-charge permettant d'envoyer les livraisons depuis la rue jusque dans les réserves. Faute de volontaires, Lassana est remonté seul, intercepté dès sa sortie par les policiers. Il leur a aussitôt proposé de leur expliquer la configuration exacte des lieux et leur a donné les clés permettant d'ouvrir les portes, dont celle de l'arrière, et de relever le rideau métallique de la devanture, rideau que le terroriste a pris soin de baisser pour se protéger.

Grâce à cette aide capitale, les colonnes d'assaut ont pu intervenir efficacement. Lassana Bathily, célébré comme un héros par la presse et les politiques, naturalisé français fin janvier 2015, a été reçu par le chef de l'État François Hollande ainsi que par plusieurs autres hauts responsables au niveau international. Lassana s'est contenté de dire et de redire qu'il était un homme ordinaire, allant jusqu'à publier, un an après les faits, un livre intitulé *Je ne suis pas un héros*. Il n'en a pas moins permis la libération des otages, sains et saufs grâce à ses précieuses indications.

ÉCHELLE HUMAINE DE NANTES

La témérité des copains

Ils s'appellent Anass, Abdi, Saddam, Salim, Saddam... Avec quelques autres, ces jeunes habitants du quartier de la Bottière, à Nantes, n'ont pas hésité à se lancer dans l'escalade d'un immeuble.

Nous sommes dimanche 26 mars 2023, en début d'après-midi. Des flammes s'élèvent du troisième étage d'un HLM. De toute évidence, un incendie s'est déclaré dans l'un des appartements. Rapidement, ses occupants se réfugient à la fenêtre, apeurés. Il est trop tard pour sortir par la porte. Une large foule se masse au pied de l'immeuble. On peut entendre des cris, des pleurs, certains appellent les pompiers. Mais ces derniers mettent du temps à arriver, et le feu se fait toujours plus intense, plus menaçant. Restent prisonniers des flammes deux parents et leur jeune bébé, en pleurs.

Les sauveteurs improvisés ont d'abord entassé des matelas au pied de l'immeuble, en demandant au père qui tenait son bébé à l'extérieur de le lâcher. La progression des flammes ne lui laissait guère le choix. Il a ouvert les bras et la fillette s'est retrouvée au sol, sa chute amortie par les matelas. Blessée, mais sauvée, l'enfant s'en sortira sans séquelles.

Pour les parents, l'opération a pris une autre tournure. Ils sont trop lourds pour suivre la voie des airs et risquent de s'écraser au sol, la literie amassée à la va-vite n'est pas suffisante pour amortir un corps d'adulte. On assiste alors à la mobilisation d'une vingtaine de jeunes, cherchant à escalader la façade de l'immeuble.

Montant sur les épaules les uns des autres, avec une synchronisation forçant l'admiration, ils constituent une échelle humaine le long de la façade de l'immeuble pour porter secours aux deux derniers prisonniers des flammes. Ils réussissent finalement à les sauver de justesse, et on les emmène directement à l'hôpital, où ils seront soignés en urgence.

Mardi 28 mars, ces jeunes héros, qui ont tenté l'impossible pour sauver de parfaits inconnus, racontent à la télévision le déroulement du sauvetage improvisé, et les raisons de leur soudain courage. Peu de temps après, une pétition est lancée pour que cet acte héroïque soit récompensé par l'attribution de la Légion d'honneur.

RICHARD FIERRO

Un US Marine à la rescousse de la discothèque LGBTQ

Lorsque Anderson Lee Aldrich, âgé de 22 ans, pénètre dans le Q Club, la seule discothèque LGBT de Colorado Springs, ce samedi 26 novembre 2022, le spectacle bat son plein. Le jeune homme n'aime pas ce genre de performance. Mais alors, pas du tout. Et pour bien le faire comprendre, il sort un pistolet et un fusil semi-automatique puis ouvre le feu. La tuerie fait cinq morts et vingt-cinq blessés. Un bilan qui aurait pu être bien plus lourd sans l'intervention de Richard Fierro, qui a réussi à neutraliser le tireur.

« Je ne suis pas un héros, je suis juste un gars de San Diego », a commenté Richard Fierro, ancien militaire de 45 ans. Après quinze années dans l'armée américaine, plusieurs missions en Irak et en Afghanistan qui lui ont valu par deux fois la « Bronze Star », une haute distinction pour bravoure, héroïsme et mérite, Richard Fierro était revenu à la vie civile, aspirant à laisser derrière lui les traumatismes de la guerre.

Ce samedi soir de novembre, il savourait un moment de distraction en famille, en compagnie de son épouse, de sa fille et du petit ami de celle-ci, lorsqu'il a été brutalement rattrapé par son passé. Dès les premiers tirs, Richard Fierro a parfaitement identifié le staccato d'armes légères, avant d'apercevoir près de l'entrée l'énorme silhouette du tireur. L'homme doté d'un gilet pare-balles devait peser au bas mot 150 kilos et se déplaçait lentement en direction de la terrasse de l'établissement, en suivant les consommateurs qui tentaient de fuir dans un chaos indescriptible.

L'instinct du chef de peloton a immédiatement refait surface. Richard Fierro a pris l'agresseur à revers, a agrippé le dos de son gilet pare-balles, l'a mis au sol, l'a désarmé et l'a frappé jusqu'à ce que l'homme perde connaissance.

Le courage de Richard Fierro a sauvé bien des vies ce soir-là. Malheureusement pas celle de Raymond, le petit ami de sa fille, tombé sous les premières balles de l'assaillant. Sans fierté, immensément triste, le héros est rentré chez lui.

MARIN

L'indigné exemplaire

Nous sommes le 11 novembre 2016, jour férié évocateur des héros innombrables qui sont morts pour une France engagée dans le suicide collectif qui a inauguré, au début du XXe siècle, le long déclin de l'Europe. Mais c'est d'un autre déclin et d'un autre héros qu'il est question ce jour-là à l'arrêt de bus de Lyon Part-Dieu. Alors qu'il prend la défense d'un couple pris à partie pour s'être embrassé en public, Marin Sauvajon est violemment passé à tabac, frappé alors qu'il est inconscient et finalement laissé pour mort par un agresseur pour lequel, à l'évidence, sa vie n'a strictement aucune valeur.

La France découvre alors, au gré des témoignages, un jeune homme intelligent, bienveillant, dévoué ; un étudiant en troisième année de droit, épris de sa petite amie, aimé par sa famille, apprécié par ses amis ; un joueur et un fan de foot – bref, un jeune homme à la fois rayonnant et ordinaire que rien n'avait préparé aux quelques secondes qui ont vu son courage faire de lui un héros, au prix d'un corps brisé, et d'une vie qui aurait pu l'être, si la ténacité n'avait pas pris le relais de la témérité.

C'est avec les mots simples et humbles de celui qui n'aspire qu'à être un homme, et se dérobe pour cela à la réification par l'hommage, que Marin, plusieurs années après, évoque ce jour où sa vie a basculé : « Ce n'était pas du courage, c'était simplement de l'indignation. Quand j'ai vu cette femme avoir peur à l'arrêt de bus, je me suis dit que ça pourrait être ma mère, ma sœur, ma copine et pour ça, j'ai voulu intervenir. [...] C'est en s'entraidant que tous ces drames quotidiens pourraient être évités. En sollicitant des gens, en levant les yeux de son téléphone. Ensemble, chassons la peur de nos rues et gardons la tête haute. »

Les années qui suivent son agression le voient pourtant, inlassablement, se refuser à cette indignation stérile qui semble attiser l'ensauvagement à force de le craindre et de le dénoncer, pour poursuivre authentiquement sur la voie du courage : en se rétablissant difficilement, en assumant d'apparaître diminué, en témoignant inlassablement, et en préférant semer l'héroïsme que récolter les louanges.

Décoré, cité en exemple, rendu peu récupérable par son humilité et sa constance, Marin n'est pas le genre de héros que nous rêvons d'être en sachant que nous ne le serons jamais : il est très exactement le genre de héros que nous pouvons et devrions devenir, en élevant les circonstances à la hauteur de nos idéaux.

STEVEN CALLAHAN

L'architecte naval qui se sauva la vie

Parmi les héros ordinaires, nombreux sont ceux qui ont survécu à l'extraordinaire. Steven Callahan est l'un d'entre eux.

Architecte naval, navigateur et inventeur, cet homme né en 1952 a vu sa vie basculer à l'âge de 30 ans quand, le 29 janvier 1982 à 23 heures, en pleine mer, une explosion le fait tomber de la couchette où il se repose dans le sloop de 6,50 mètres, dénommé *Napoléon Solo* (personnage d'une série télévisée populaire des années 1960), qu'il s'est construit.

Il n'a pas le temps d'identifier la cause et l'endroit précis du choc : immédiatement, le bateau se remplit d'eau et s'enfonce par l'avant. Alors qu'il cherche à libérer le paquetage du nécessaire de survie, il a de l'eau jusqu'à la ceinture. Si le bateau ne coule pas immédiatement, c'est grâce aux compartiments étanches qu'il a conçus. Mais chaque seconde compte.

Il parvient à s'échapper dans l'embarcation de sauvetage avec son couteau, puis revient à bord à plusieurs reprises au cours de la nuit pour récupérer un sac de couchage, une trousse d'urgence, un peu de nourriture, quelques cartes, un fusil harpon, des fusées de détresse, une torche, des distillateurs solaires de production d'eau potable et un manuel de survie.

Quand le jour se lève, une vague sépare définitivement le sloop du canot de sauvetage qui part à la dérive pour les

76 jours suivants. Recueilli par des pêcheurs alors qu'il arrive, allégé d'un tiers de son poids, en vue de Marie-Galante en Guadeloupe, il aura survécu plus de deux mois sur l'océan.

Entre l'adversité des éléments, la détérioration de son équipement, l'épuisement physique et l'intensité du stress, les épreuves extérieures et intérieures paraissent surhumaines. Quelques épiphanies illuminent son périple, comme le ciel étoilé qu'il décrit comme une image du paradis contemplée depuis l'enfer.

Il rejoint ainsi la courte liste des héros qui ont survécu à une dérive dans l'immensité de l'océan : Dougal Robertson, Jesús Vidaña, Maurice et Marilyn Bailey, Rose Noelle, Poon Lim, ou encore José Salvador Alvarenga.

En 1986, il transforme cette expérience en best-seller[7], et continue à vivre d'inventions et d'aventures dans les années et les décennies suivantes, s'attachant à honorer une vie dont il a eu l'occasion, 76 jours durant, de mesurer à la fois le prix et la précarité.

7. *Adrift: 76 Days Lost At Sea*, Thorndike Press, 1986.

MAXIME ELLERO et GAËLLE JARRIGE

Et ils empêchèrent un féminicide

Dans la nuit du samedi 14 au dimanche 15 janvier 2023, dans le quartier Jasmin à Agen, aux alentours de 2 heures du matin, à la sortie d'un célèbre bar à cocktail situé sur l'avenue du Général-de-Gaulle, un couple se dispute. L'homme, âgé de 54 ans, semble être sous l'emprise de l'alcool. Il s'exprime à grands gestes et commence à hausser le ton. La femme, d'une quarantaine d'années, effrayée, se met à reculer.

Soudain, l'homme sort un couteau de son manteau, et se met à poignarder violemment sa femme au cou.

À quelques mètres de là, deux témoins de la terrible scène prennent leur courage à deux mains et décident d'intervenir. L'un d'entre eux, Maxime Ellero, fond sur l'agresseur et s'interpose entre lui et la femme blessée, muni d'une chaise saisie sur une terrasse adjacente. Il la lui jette au visage, mais cela ne suffit pas, il attise la colère de l'agresseur, qui change de cible. Maxime saisit alors une table, avec laquelle il frappe l'assassin. Assommé, ce dernier est maîtrisé et appréhendé.

Pendant ce temps, une femme s'approche de la scène de drame. Tandis que Maxime s'occupe de neutraliser l'agresseur, elle prodigue les premiers soins à la victime, qui présente des blessures au cou et au thorax. Sans son intervention, la blessée serait morte peu de temps après. Elle est finalement transférée aux urgences, et sauvée grâce à l'intervention de deux jeunes héros d'un soir et pour toujours.

Le vendredi 20 octobre 2023, Maxime et Gaëlle ont reçu une médaille pour récompenser leur courage. Pour avoir empêché un nouveau féminicide.

FRANÇAIS PAR LE SANG VERSÉ

Legio Patria Nostra

« Qui sait si l'inconnu qui dort sous l'arche immense
Mêlant sa gloire épique aux orgueils du passé
N'est pas cet étranger devenu fils de France
Non par le sang reçu mais par le sang versé. »

Pascal Bonetti, *Le Volontaire étranger*, 1920.

Le 30 novembre 1999, la France adopte sur proposition du Sénat la loi de naturalisation « par le sang versé » dont relèvent actuellement les militaires étrangers au service de la France.

Le légionnaire blessé au cours d'une opération est ainsi dispensé d'avoir à justifier de son assimilation ou d'une résidence à la communauté française. En cas de décès, la même procédure est ouverte à ses enfants mineurs qui, s'il n'était décédé, auraient pu bénéficier de l'effet collectif attaché à l'acquisition de la nationalité française par leur auteur.

Joao, adjudant-chef au 4e régiment étranger, est le premier « Français par le sang versé » consacré par ce décret. Il reçoit sa nationalité le 13 juillet 2005 au Sénat de la main de la ministre de la Défense, Michèle Alliot-Marie.

« Ma femme, mes enfants étaient français, j'aurais pu faire la demande pour le devenir. J'étais bien noté, carré, cela aurait peut-être mis du temps, mais je l'aurais obtenue. Mais l'obtenir ainsi, par le sang versé, c'est pour moi et ma famille, source de grande fierté : j'ai réussi ma carrière, j'ai réussi ma vie. » En 2003, alors sergent-chef au 2e régiment étranger de parachutistes, Joao est déployé en opération extérieure en Côte d'Ivoire au cours de l'opération Licorne. Près de cinq mille hommes et femmes français sont en proie à la guerre civile. La mission des soldats français sur place est d'assurer la sécurité des ressortissants français et internationaux, d'apporter un soutien à l'Opération des Nations unies en Côte d'Ivoire (ONUCI) et de détruire les armes lourdes des forces pro-Gbagbo utilisées contre les civils ivoiriens. Pour mieux repousser les forces rebelles aux abords d'Abidjan, l'armée française mène de nombreuses opérations coups de poing. Les conflits armés sont récurrents et, le 6 janvier 2003, un obus de mortier tombe près de Joao, quatre-vingt-sept éclats d'obus l'atteignent et viennent se loger dans son corps, des pieds au visage.

Aussitôt évacué vers un hôpital de campagne, puis rapatrié en France, Joao subit huit opérations et reste un an à l'hôpital. Là-bas, il reçoit de nombreuses visites, le président Jacques Chirac, certains ministres, chefs d'état-major et généraux. « J'avais un carnet de rendez-vous tenu par le personnel soignant, et les médecins calaient les soins en fonction de ça. »

Aujourd'hui maître de tir au quartier Danjou à Castelnaudary, Joao forme les nouvelles générations de légionnaires. Entre 2017 et 2020, il est également élu président des sous-officiers chargé de représenter ces derniers auprès de leur chef de corps : « Je me suis battu avec et pour la France ; j'ai aidé un pays. »

L'obtention de la nationalité « par le sang versé » est un concept exclusivement français qui a précédé le décret de 1999 et a été forgé en 1848 au sein de la Légion étrangère. Les membres de ce corps militaire d'expédition qui s'illustraient à travers des campagnes glorieuses pouvaient en effet déjà depuis lors acquérir la nationalité française, après un minimum de trois ans de service. Une pratique qui s'est étendue très rapidement aux autres unités de l'armée française et s'est illustrée à travers de grands noms comme celui d'Eugène Bullard, premier pilote de chasse noir au monde durant la Première Guerre mondiale.

Cette notion semble avoir même progressivement débordé son origine martiale et s'est étendue au monde civil, comme en témoigne le cas de l'émir Abd el-Kader qui fut invité à Paris, décoré de la grand-croix de la Légion d'honneur et naturalisé par Napoléon III en 1865 après avoir protégé les chrétiens et abrité leurs chefs à Damas en 1860 lors des massacres commis par les Druzes.

On pense ici également à Mamoudou Gassama, Malien, sans-papiers, décoré et naturalisé français en 2018 pour service rendu à la France.

Ces nombreux « amis de la France » sont inscrits dans son histoire et représentent une spécificité de la politique migratoire française, qui survit aux époques et ne rencontre à travers le temps qu'admiration et soutien, reconnue comme un modèle de réussite et d'héroïsme.

ARNAUD ATTINETI

Le « marmot » qui sauva un marmot

Ce 17 janvier 2018, à Saint-Geniez-d'Olt (Aveyron), il fait froid. Ce qui est assez normal compte tenu de la saison. Le Lot, la rivière qui traverse le village, est en crue, phénomène tout aussi saisonnier et habituel. Ce qui l'est moins, c'est une poussette d'enfant qui dévale la berge et tombe dans les flots tumultueux, accompagnée des cris stridents d'une jeune femme.

Arnaud Attineti, maçon de 26 ans qui travaille sur un chantier voisin, a tout vu. Il se précipite sur les lieux et comprend immédiatement dans les propos chamboulés de la maman que dans la poussette se trouve un bambin. Il se jette à l'eau, réussit à rejoindre l'enfant et entreprend de regagner la rive, au prix d'une bataille furieuse contre le courant.

Lorsqu'il parvient enfin sur la terre ferme, les secours qui ont été prévenus prennent le relais et assurent les premiers soins au bébé âgé de sept mois. Grâce à l'intervention d'Arnaud, le garçonnet s'en tire sans une égratignure.

Honoré quelques jours plus tard par la médaille d'or de la ville de Saint-Geniez, Arnaud Attineti est devenu un vrai « marmot », appellation parfois décernée aux habitants du village et liée à une légende remontant au XVe siècle. Celle-ci raconte que deux enfants qui vivaient avec leur père dans une maison au bord du Lot avaient apprivoisé une marmotte.

Un soir d'orage, l'animal s'était enfui dans les collines, poursuivi par les enfants soucieux de retrouver leur petit compagnon. Lorsque le trio était rentré au village, la crue du Lot avait emporté leur maison et noyé leur père. Sauvés par l'instinct de la marmotte qui avait pressenti le danger, les enfants furent surnommés les marmots, avant que cette appellation non contrôlée ne s'étende à toutes – les marmottes – et tous.

Un magnifique bronze installé sur l'un des ponts du village montrant les deux enfants et leur animal célèbre la légende.

CARYN GALE et **SERGIO GERLANIK**

Les ambulanciers du 7 octobre

Le héros serait condamné à rester prisonnier de l'homme ordinaire si les circonstances ne venaient pas l'extraire des profondeurs pour le révéler au grand jour. C'est la raison pour laquelle tant de héros s'ignorent, faute d'avoir été sollicités par le destin.

Le 7 octobre 2023, en Israël, Caryn Gale et Sergio Gerlanik n'ont pas hésité un seul instant à devenir en actes ces héros qu'ils étaient en puissance. Il faut reconnaître que l'engagement était préalablement à la fois au cœur de leur vie respective et de leur vie commune, puisque leur première rencontre avait vu Sergio évoquer son activité bénévole d'ambulancier, et Caryn envisager aussitôt de l'y rejoindre.

Ambulanciers l'un et l'autre pour United Hatzalah, tous deux sont réveillés le 7 octobre par le bruit des sirènes. Ils reçoivent très rapidement un message qui leur demande, comme à l'ensemble des bénévoles, de se tenir en alerte. Peu de temps après, le secouriste en chef de Modi'in, la localité où réside le couple, indique sur la boucle WhatsApp du groupe local qu'il cherche un chauffeur d'ambulance pour partir le plus rapidement possible vers le sud, épicentre de l'attaque du Hamas. Comme il s'agit de constituer un équipage complet, Caryn se propose d'accompagner Sergio, et les voilà partis vers un enfer dont personne alors ne peut avoir l'idée.

Le couple revêt ses tenues d'ambulanciers et part en direction du sud où il ne tarde pas à découvrir l'ampleur du carnage. Sur une route littéralement couverte de cadavres, ils commencent par évacuer un jeune soldat avec une balle dans la tête, un poumon perforé et une main complètement retournée, lequel sera miraculeusement sauvé grâce à leur intervention. Puis, tout au long de la journée, ils font des allers-retours entre le champ de bataille et les hôpitaux improvisés à l'arrière. Ils sont contraints, pour extraire les blessés, de slalomer entre les cadavres.

Parfaitement concentrés sur leur mission, ils évoluent au milieu des roquettes, des coups de feu et des sirènes en s'attachant à secourir soldats agonisants, familles éperdues et jeunes enfants sidérés, rassurant l'un d'un mot, et l'autre d'une sucette glanée juste avant le départ de l'ambulance.

Quand ils rentrent chez eux, ils sont trempés du sang de ceux qu'ils ont secourus, et United Hatzalah ne tarde pas à mettre en place un suivi psychologique pour qu'ils puissent réaliser sans s'effondrer ce qu'ils viennent de traverser.

Si l'on en croit l'adage hébraïque selon lequel *Gam Zou Letova*, « Tout ce qui arrive est pour le bien », alors il est possible d'imaginer que la pire des inhumanités concourt mystérieusement à la révélation, sans cela aléatoire, du meilleur de l'homme.

MAMOUDOU GASSAMA

L'incroyable escaladeur

En temps de paix comme en temps de guerre, ce sont les circonstances qui viennent solliciter, et parfois dévoiler en nous le héros. Il suffit d'un seul instant pour que la folie du courage prenne le pas sur les bonnes raisons de la lâcheté, un seul instant qui va faire de l'homme de la rue, du quidam, de l'anonyme, un héros digne du mythe.

C'est ce qui est arrivé à Mamoudou Gassama le 26 mai 2018 au soir, quand découvrant un enfant agrippé à l'extérieur d'un balcon au quatrième étage d'un immeuble, il ne se joint pas au groupe des badauds qui spéculent, s'inquiètent, et bien évidemment filment déjà la catastrophe qu'ils pourraient éviter, mais s'élance au secours du petit qui est sur le point de tomber.

Les spectateurs voient alors le jeune homme s'élancer à l'assaut de la façade du 51, rue Max-Dormoy dans le 18e arrondissement de Paris, et parvenir, en se tractant de balcon en balcon, jusqu'à l'endroit où le garçonnet ne tient plus que grâce à un voisin qui a saisi l'un de ses bras.

Le sauvetage est à la fois irréel et parfaitement authentique : l'enfant de 4 ans est secouru non pas par un pompier sur une échelle ni par un ange venu du ciel, mais par un homme courageux et athlétique qui fait surgir spectaculairement aux yeux de tous ce meilleur dont l'homme est capable, mais malheureusement peu coutumier.

La vidéo devient virale, et place sous le feu des projecteurs le jeune Malien de 22 ans, devenu en quelques instants un héros fédérateur pour l'ensemble des Français, à l'exception de ceux qui, préférant spéculer sur le pire qu'apprécier le meilleur, doutent de la véracité du sauvetage.

Celui qui était un simple étranger en situation irrégulière se voit invité par les présidents français puis malien, avant de recevoir la médaille d'honneur pour acte de courage et de dévouement, la médaille Grand Vermeil de la Ville de Paris, un BET Award, d'être naturalisé, et de se voir attribuer un logement à Montreuil.

Les années qui suivent, comme souvent après une épiphanie héroïque, ne sont pas simples à gérer : il ne peut réaliser son rêve de servir à la brigade des sapeurs-pompiers de Paris, et doit reprendre sa lutte quotidienne, et peut-être non moins héroïque, contre la précarité.

Restent les images de son ascension et de son visage rayonnant qui ont su donner à une France divisée un beau sentiment d'unité.

LYCÉE D'ARRAS

Le courage des profs : Benjamin, Christian Berroyer, David, Florence, Frédéric, Jacques Davioli, Stéphanie

L'attentat d'Arras est connu pour avoir entraîné la mort tragique du professeur agrégé de lettres Dominique Bernard, le 13 octobre 2023. L'assaillant est un jeune homme, Mohammed Mogouchkov, jihadiste issu d'une République russe, l'Ingouchie. Ce mardi midi, il est armé et rencontre un groupe de professeurs du groupe scolaire Gambetta-Carnot. Il se jette sur l'un d'entre eux, le tuant à coups de couteau au cou et dans l'épaule.

Ces événements sont bien connus, mais on oublie souvent les autres personnes qui ont fait face à l'assaillant et manifesté un grand courage, en tentant de s'interposer. Les trois autres professeurs de sport qui accompagnaient Dominique Bernard ont également été confrontés aux coups de couteau meurtriers de leur ancien élève radicalisé. Voyant son collègue criblé de coups, David, professeur de sport, tente de s'interposer, mais reçoit des coups de couteau qui lui lacèrent le visage, il tombe à son tour, suivant de peu Dominique.

Non loin de là, un surveillant du lycée, Benjamin, aperçoit la scène et s'élance, lui aussi pour repousser l'agresseur. Il relève David, gravement blessé, et tente de l'exfiltrer avec Stéphanie, une autre professeure de sport. La dernière des professeures présentes s'agenouille à côté de Dominique Bernard, et tente de lui prodiguer les premiers soins, pendant que Mohammed Mogouchkov poursuit le professeur blessé au visage et ses deux compagnons.

La scène crée une vague d'agitation parmi les élèves, qui voient trois professeurs courir, dont l'un perdant une grosse quantité de sang. Elle attire l'attention de deux membres du personnel technique, alors en train de déjeuner. Christian, le premier, enferme à double tour l'une de ses collègues enceinte pour la protéger, puis se place entre l'agresseur et le professeur blessé en lui demandant de l'épargner. Sa seule arme est une chaise qui est rapidement écartée par Mohammed. Au sol, Christian est à son tour poignardé par le jeune homme. C'est son collègue Jacques qui met désormais sa vie en péril pour sauver celle de son ami. Toujours avec la même chaise, il fond sur l'assaillant, mais est lui aussi renversé et poignardé à plusieurs reprises.

Dernier intervenant, le proviseur, Frédéric, avec l'énergie du désespoir, jette la fameuse chaise au visage de Mohammed, et conduit le professeur de sport blessé à l'intérieur de l'établissement. Les portes sont fermées juste après son passage, et l'assaillant, furieux, se retourne contre Jacques, qui gît au sol, blessé. Il lui assène de nouveaux coups de couteau. La police arrive alors enfin et le neutralise.

Tout le déroulement de cet attentat, assez peu connu du public, révèle les prises de risques courageuses de tout un groupe d'hommes et de femmes qui, pour protéger leurs élèves, collègues et amis, ont subi de graves blessures, et même, dans le cas du professeur Dominique Bernard, sacrifié leur vie.

HAKAROA

Le coureur de fond diabétique

Hakaroa Vallée, dit Haka, est né en 2004 à Suresnes. À l'âge de 10 ans, on lui diagnostique un diabète de type 1 (insulino-dépendant) qui, alors même qu'il s'est toujours illustré par ses excellents résultats scolaires, lui interdit légalement l'accès à certains emplois. Ses parents et lui découvrent également la charge supplémentaire que leur imposera sa maladie en matière d'assurance ou de frais d'examens spécifiques aux personnes affligées de ce type de pathologie (comme pour le permis de conduire).

Il ne s'agit pourtant pas d'une maladie confidentielle : aujourd'hui, 25 000 enfants et adolescents en sont atteints, et on estime ce nombre à 40 000 à l'horizon 2030. Très rapidement, Haka s'insurge contre ce qui lui apparaît comme une double peine et décide de se battre pour faire changer le regard… et la loi, relatifs à son handicap : en 2016, il parcourt 210 kilomètres aux côtés de son père, engagé dans son combat, lors du Téléthon ; en 2018, il traverse la France en courant et en pédalant pour sensibiliser le grand public aux discriminations dont sont victimes des personnes déjà quotidiennement pénalisées par la maladie ; en 2019, il milite pour la modification des lois qui interdisent aux diabétiques l'accès à certains emplois ; en 2021, il parcourt une étape du Tour de France en tandem avec Jean-Luc Perez, la veille des professionnels.

Progressivement mis sur le devant de la scène médiatique, Haka se distingue tout particulièrement lorsque, invité par la députée Jennifer de Temmerman, il a la possibilité de s'exprimer à l'Assemblée nationale, où il explique son parcours, les obstacles rencontrés, les rêves brisés.

Surtout, il peut s'appuyer, preuve de son incroyable maturité, sur des témoignages de spécialistes, comme celui de Cécile Godot, pédiatre et endocrinologue. Car si des lois restreignent les débouchés professionnels pour les diabétiques, c'est à cause de la possible crise d'hypoglycémie. Mais comme la pédiatre le rappelle : « Aujourd'hui, nous avons les moyens de la prévenir »... C'est une loi baroque, aléatoire : « On peut être chirurgien, opérer huit heures d'affilée, mais pas agent de sécurité SNCF ! » renchérit Jean-Charles Vauthier, médecin du sport et diabétique lui aussi.

Mais Haka ne se contente pas de ces mises au point pleines de bon sens : conscient des lourdeurs de la machine législative, il se présente devant les élus de la République muni de décrets réécrits par ses bons soins...

Évidemment, Haka ne se fait pas d'illusions. En dépit de la sympathie qu'il a inspirée ces dernières années par son action auprès du grand public et des politiques, il sait qu'il lui faudra faire preuve encore de patience et de détermination. Mais il en est capable.

D'ailleurs, au ministre de l'Intérieur, Christophe Castaner, qui lui faisait remarquer que les CRS passent parfois vingt heures d'affilée sur le terrain, ce qui requiert une énergie et une endurance importantes, Haka a pu répondre : « Je sais, j'ai déjà couru pendant vingt-quatre heures. »

DIDAR HOSSAIN

L'étoffe des héros

Le héros est toujours, d'une façon ou d'une autre, l'homme de la situation : plus que ses qualités intrinsèques, c'est d'abord sa présence sur place qui le destine à révéler son courage. Le plus téméraire des hommes, s'il est à l'autre bout du monde, n'aura même pas connaissance du drame qui lui aurait permis de faire étalage de son courage. Et à l'inverse, le plus ordinaire des hommes en apparence se verra offrir la possibilité de devenir un héros pour la raison nécessaire et suffisante qu'il est là où on a besoin de lui.

Quand, au début de l'année 2023, au Bangladesh, un immeuble s'effondre sur les ouvriers d'une manufacture de vêtements, c'est un travailleur comme les autres, situé dans l'usine juste en face, qui se précipite avec courage, mais également calme et empathie, au cœur du grand mystère de l'héroïsme.

Alors que les morts se comptent déjà par centaines, et que la zone demeure extrêmement dangereuse et instable, Didar Hossain, de son initiative, pénètre à plusieurs reprises dans les ruines et parvient à extraire plusieurs personnes qui en étaient prisonnières. Il commence pour cela par désobéir à l'agent de sécurité qui l'enjoint de ne pas y aller, et se précipite dans les décombres où il sait que des blessés attendent désespérément d'être extraits de la prison où les gravats les ont incarcérés.

Quand il entre dans ce qui, un instant auparavant, était un immeuble de neuf étages, et qui depuis l'effondrement n'en compte plus que trois, il commence par tomber sur un corps décapité, et s'emploie à sortir le cadavre pour pouvoir passer. Il parvient alors à se faufiler dans les décombres au risque d'y périr lui-même écrasé. Avec l'aide de deux autres personnes courageuses, il secourt en tout trente-quatre victimes, parmi lesquelles une petite fille qu'il doit amputer lui-même pour la libérer, face au refus du médecin de pénétrer dans le labyrinthe mortel.

Sur la demande instante de la petite fille dont il a su gagner la confiance, il lui coupe la main sous anesthésie locale, cherchant à la rassurer alors qu'il est lui-même effrayé. Pendant qu'il réussit cette opération inimaginable, d'autres personnes prisonnières des décombres le supplient de venir les libérer, ce qu'il fait dès qu'il a sorti la petite fille, en amputant une jambe, puis un pied, cette fois sans aucune anesthésie.

Comment un simple ouvrier peut-il procéder à des actes de médecine de guerre dans des décombres qui menacent à chaque instant de s'effondrer sur les morts et les vivants ? C'est là l'œuvre d'un courage transfigurateur, qui semble venir inspirer, guider, habiter le héros, comme les guerriers au cœur des combats de l'*Illiade*. Didar Hossain a passé en tout plus de quarante-huit heures à parcourir les ruines pour en extraire les vivants.

De cette expérience il ressort malade, incapable de manger ou même de parler. Même quand il parvient à s'endormir, il lui semble que des blessés continuent à l'appeler au secours. Ce qu'il a réussi à traverser revient le hanter interminablement, sans lui faire perdre ce bon sens plein d'humilité, puisqu'il rappelle, comme pour mieux redevenir un homme ordinaire : « Je n'ai jamais pensé que j'étais un héros, simplement une personne comme les autres, qui fait de son mieux pour aider, et je rends grâce à Dieu d'avoir pu être utile. »

LES ÉLUS AGRESSÉS

de L'Haÿ-les-Roses, Charleville-Mézières, Pontoise, Châteauneuf-sur-Cher, Saint-Brévin, Signes…

Ces dernières années, la France a été le théâtre d'une augmentation marquante des agressions envers les élus locaux. Ainsi, en 2022, environ 1 500, qu'ils soient maires, adjoints ou conseillers municipaux, ont été agressés du fait de leur fonction, selon une évaluation de l'Association des maires de France (AMF). Un chiffre en hausse de 15 %. « Les maires sont les victimes principales et dans une moindre proportion les conseillers municipaux. Sur les faits, 50 % sont victimes d'outrages, 40 % de menaces et 10 % de violences volontaires », précise l'AMF.

On peut évoquer l'agression du maire de Signes (Var), Jean-Mathieu Michel, décédé en 2019 après avoir été renversé par un fourgon alors qu'il tentait d'empêcher un dépôt sauvage. Citons également le maire de Saint-Côme-du-Mont (Manche), retrouvé blessé dans un champ avec des clous plantés dans les mains et les pieds. Ou bien celui de Châteauneuf-sur-Cher (Cher), cogné au visage après une altercation avec un administré. Ou encore celui de Saint-Philippe-d'Aiguille (Gironde), frappé à terre après avoir demandé à un homme de baisser le volume de sa musique. On se souvient aussi de l'émotion suscitée par les événements qui se sont produits à l'été 2023 dans un contexte de fortes tensions liées à la mort du jeune Nahel. À L'Haÿ-les-Roses (Val-de-Marne), un véhicule enflammé est précipité sur le pavillon du maire, Vincent Jeanbrun. Présente dans la maison, l'épouse de l'élu s'est alors blessée en prenant la fuite avec ses deux jeunes enfants et a dû être hospitalisée. Ou encore à Charleville-Mézières, le maire Boris Ravignon, accompagné d'une vingtaine d'élus, décide d'organiser une ronde citoyenne à proximité des crèches, écoles et équipements municipaux pour éviter que ces équipements ne soient la cible de violences. Ils sont alors visés par des projectiles lancés par une bande de mineurs.

De nombreux témoignages de maires font encore état de menaces, d'insultes et de pressions, les poussant parfois à démissionner. Plusieurs facteurs peuvent expliquer cette augmentation des agressions d'élus. Tout d'abord, la montée des discours de haine et de la violence verbale dans le débat public contribue à légitimer ces actes. Les réseaux sociaux sont également un terrain propice à la diffusion de messages haineux et à la désinformation, ce qui peut inciter certains individus à passer à l'acte. De plus, la crise de confiance envers les institutions et les élus politiques favorise l'émergence de comportements hostiles.

Face à cette situation préoccupante, des mesures doivent être prises pour protéger les élus et préserver le bon fonctionnement des institutions républicaines, et c'est pourquoi le gouvernement a adopté un plan de soutien, à hauteur de 5 millions d'euros. Tout d'abord, il est essentiel de renforcer la sécurité des élus en mettant en place des dispositifs adaptés, tels que des formations à la gestion des conflits et à la sécurité personnelle. Il faut aussi sensibiliser la population à l'importance du respect des élus et promouvoir le dialogue constructif.

Par ailleurs, il convient de renforcer les sanctions à l'encontre des auteurs d'agressions d'élus, en garantissant des enquêtes rapides et efficaces, ainsi que des peines exemplaires. Les réseaux sociaux doivent également être régulés de manière plus stricte pour lutter contre les discours de haine et la diffusion de fausses informations. En définitive, c'est bien la dignité de la fonction qu'il convient de restaurer afin que nos élus soient à nouveau en mesure d'assumer la noble tâche qui leur est confiée par les urnes pour servir le bien commun et garantir le contrat social.

ROBERT MOH et ROD LINDLEY

Les cheminots intrépides

Le 12 mai 1998, Robert Mohr et Rod Lindley, respectivement chef de train et ingénieur, traversent les plaines de l'Indiana (États-Unis) aux commandes de quatre-vingt-seize wagons. Un trajet que tous deux ont l'habitude de faire presque quotidiennement depuis des années, les deux hommes sont confiants, ils ont passé la majorité de leur carrière ensemble.

La journée s'annonce agréable et le ciel est dégagé à l'approche de Lafayette. Les conducteurs ralentissent au moment d'entrer en ville. Ils ont répété ces instructions mille fois : à 42 kilomètres à l'heure autour d'une zone urbaine, clignotants allumés, le train s'engage. Cinq kilomètres les séparent de la zone habitable. Attentifs, Robert et Rod discutent tranquillement lorsqu'ils aperçoivent une forme indistincte au milieu des rails, à quelques centaines de mètres devant eux.

Cette petite silhouette se tient accroupie sur le passage du monstre d'acier, elle leur rappelle un chien, ils sifflent, pensant le faire détaler, sans succès. Tout en continuant d'essayer d'effrayer le chien, Robert et Rod commencent à ralentir la machine délicatement. Derrière eux, certains wagons contiennent des gaz inflammables ; si le train s'arrête trop brusquement alors qu'ils sont encore dans le virage, ceux-ci pourraient se renverser et s'enflammer. À proximité d'une zone résidentielle, prendre un tel risque est impensable. Pourtant, à mesure que le train s'approche, la forme devient plus nette, il ne s'agit pas d'un chien mais d'un enfant. Emily Marshall, âgée de dix-neuf mois, s'est aventurée sur la voie. L'enfant, sous la supervision distraite de sa mère, Tila Marshall, jouait dehors avec son frère. À quelques maisons de là, la mère de famille est saisie d'horreur. Elle vient de constater la disparition de sa fille, et entend les avertissements sonores du train, d'habitude interdits en ville. Un instant paralysée par la peur, elle reprend ses esprits et se précipite vers le téléphone pour appeler la police.

De leur côté, Robert et Rod réalisent la gravité de la situation et activent les freins d'urgence, mais le train, porté par son poids, aurait en théorie besoin de plusieurs centaines de mètres pour s'arrêter, alors qu'Emily n'est qu'à 100 mètres de l'engin. Tandis que les wagons s'entrechoquent, Robert Mohr ouvre la porte gauche de sa cabine et grimpe sur la rambarde avant. Il hurle à l'enfant de s'écarter. Il crie de toutes ses forces. Emily l'entend, se dresse maladroitement et cherche à s'extirper des rails mais elle est trop lente. Saisissant la rampe d'une seule main et tendant son pied droit aussi loin que possible, Robert pousse de son pied l'enfant hors des rails.

La petite est projetée contre des rochers. Robert saute immédiatement du train et se précipite vers elle. En larmes, contusionnée, la petite est bel et bien vivante. Il la remet alors aux ambulanciers et pompiers déjà sur place, puis remonte à bord du train.

À son retour chez lui, sa famille et ses voisins l'applaudissent, la nouvelle étant déjà passée aux infos. Robert Mohr est un héros. Une semaine plus tard, il rend visite aux Marshall. Tila l'accueille en pleurs, Emily lui sourit. Robert a sauvé leur famille.

HENRI D'ANSELME

Un sac à dos pour seule arme

« Aux âmes bien nées, la valeur n'attend point le nombre des années[8] » : Henri d'Anselme en est la preuve. Le 24 juin 2023, dans un parc d'Annecy (Haute-Savoie), le jeune homme de 24 ans a fait face à un agresseur armé d'un couteau avec lequel il venait de blesser grièvement quatre enfants (néerlandais, français, britannique) et deux personnes âgées.

Alors que le forcené se dirigeait vers d'autres promeneurs, Henri d'Anselme s'est interposé, seul et à mains nues, se protégeant de la lame à l'aide de son petit sac à dos. Avec deux autres témoins, Henri d'Anselme a neutralisé l'agresseur, permettant à la police municipale de l'appréhender. Tous les blessés ont été déclarés hors de danger après quelques semaines d'hospitalisation.

Celui que la presse va appeler « le héros au sac à dos » a de qui tenir. Descendant lointain de François d'Anselme de Saint-Victor (1745-1821), capitaine au régiment du Soissonnais, avec un arrière-grand-père et un grand-père tous deux généraux de corps d'armée, Henri d'Anselme a été nourri de l'idéal chevaleresque transmis à la fois par l'histoire familiale et par la pratique du scoutisme. Il n'en réfute pas moins le qualificatif de héros, assurant avoir agi comme un Français le devrait, en suivant son instinct pour protéger le plus faible.

---

8. Corneille, *Le Cid*, acte II, scène 2.

Henri d'Anselme, catholique fervent et marcheur aguerri, avait entamé le 27 mars un tour de France des cathédrales. Faisant étape à Annecy ce 24 juin, il avait assisté à la messe du matin et s'apprêtait à rallier l'abbaye d'Hautecombe, près du lac du Bourget, lorsqu'il a été alerté par des cris provenant du parc voisin.

Après son acte de bravoure, le jeune homme a repris la route des cathédrales, avec dans son paquetage un petit supplément. La Légion d'honneur.

LES « LIQUIDATEURS » DE TCHERNOBYL

Les sacrifiés de l'atome

Lorsqu'éclate, le 26 avril 1986 au matin, ce que l'histoire retiendra comme la catastrophe nucléaire de Tchernobyl en la liant, dans l'imaginaire contemporain, aux destructions, un peu plus de quarante ans auparavant, d'Hiroshima et de Nagasaki, le premier réflexe parmi la population est de s'éloigner du danger et non de s'en approcher. Comme lorsque la peste arrivait dans une région au Moyen Âge, la seule recette efficace est de fuir le plus vite et le plus loin possible des terribles radiations. Il a pourtant fallu que des hommes et des femmes soient envoyés sur place pour que l'accident ne prenne pas la dimension continentale ou planétaire que redoutait l'humanité. Ces héros portent le nom ambigu de « nettoyeurs » ou « liquidateurs », *likvidatory* en russe, qui semble davantage les associer à une escouade de tueurs à gages ou à une unité de représailles chargée, à l'arrière du front, d'empêcher les soldats de déserter. Ils sont pourtant les sauveurs d'un nombre inestimable, au sens propre, de personnes.

L'accident nucléaire advient au niveau du réacteur n° 4 et conduit, après une augmentation incontrôlée de la puissance, à la fusion du réacteur et à son explosion, qui détruit une partie du bâtiment et l'expose à l'air libre. Ce sont alors des radiations massives qui contaminent l'environnement immédiat de la centrale. Immédiatement, les pompiers de Prypiat, la ville voisine, sont engagés pour combattre les incendies. L'urgence dans les jours qui suivent est d'éteindre le graphite qui flambe encore dans le réacteur, et ce avant le 8 mai, date à laquelle les scientifiques prévoient une explosion plus importante encore, et une contamination irréversible de l'atmosphère.

Une zone d'exclusion de 10, puis de 30 kilomètres est mise en place et 135 000 personnes sont évacuées. Mais dans le même temps, ce sont des dizaines de milliers d'ouvriers qui convergent vers le site pour construire, dans l'urgence la plus absolue, un gigantesque sarcophage destiné à contenir le pire. Ils sont alors exposés, certains quelques secondes et d'autres quelques minutes, à des niveaux très élevés de radioactivité, sans avoir été ni informés ni protégés des risques encourus.

Ils se fabriquent des armures de fortune, prennent les cachets d'iode qui leur sont distribués, et s'exposent à la mort heure après heure, jour après jour, jusqu'à ce que, le 6 mai, l'incendie finisse par être maîtrisé. Parmi eux, ce sont les terrassiers chargés de déblayer les matériaux contaminés, les pilotes et les ouvriers affectés aux blocs de graphite qui seront le plus gravement exposés.

Qu'il ait, pour ceux qui étaient conscients du risque, la valeur d'un véritable sacrifice, ou pour les autres celle d'une grande abnégation, fût-ce au prix d'un certain aveuglement, leur engagement a sauvé des millions de vies humaines. Certains, comme le pilote d'hélicoptère Nikolaï Melnik, ou le major Leonid Teliatnikov, ont été élevés au rang de « Héros de l'Union soviétique ». D'autres, réquisitionnés, ont été des héros malgré eux, certes, mais héros tout de même, et peut-être, en un sens, plus encore que les volontaires.

Tous ont payé très cher leur engagement : la cinquantaine de personnes décédées consécutivement à l'explosion ; et, à long terme, tous ceux qui ont été victimes de maladies liées à leur exposition aux radiations (cancer de la thyroïde, leucémies, cataractes, problèmes cardiovasculaires et troubles psychologiques). Au-delà des polémiques scientifiques sur l'imputabilité directe des morts et des maladies à l'exposition à la radioactivité, il est possible de considérer au début des années 2000 que sur les 500 000 liquidateurs, 20 000 sont morts et au moins 200 000 sont devenus invalides.

JAMES PERSYN

Un protecteur de quatorze ans

Il arrive très souvent que le héros désobéisse : à un régime totalitaire, à un ordre inique, ou à une tradition qui assassine l'esprit à force de promouvoir la lettre. Tout se passe alors comme si son courage l'excluait du champ de la règle en le plaçant, momentanément au moins, dans une situation de liberté radicale.

Écouter une voix intérieure plutôt que de s'en tenir aux consignes : tel semble être un des caractères constants du héros en qui se conjuguent mystérieusement imprudence et sagesse, et telle est l'expérience vécue par James Persyn lorsqu'il a littéralement, en prenant le risque de lui ouvrir sa porte, sauvé une jeune femme totalement inconnue.

À l'âge de 14 ans, le jeune garçon se voit confier, le temps d'une soirée, la mission de garder son frère de 2 ans et sa sœur de 11 ans. Il s'acquitte sérieusement de sa responsabilité, ayant sans doute parfaitement intégré la consigne que laissent tous les parents du monde à leurs enfants : « N'ouvre sous aucun prétexte à un inconnu. »

Dix minutes après le début de son baby-sitting, il entend frapper violemment à la porte où une femme en détresse crie qu'elle est en danger de mort et supplie qu'on la laisse entrer. Écoutant son courage plutôt que la voix de la prudence, il ouvre avec précaution et découvre le visage tuméfié d'une jeune femme qui vient à l'évidence de subir des violences graves. Elle se précipite à l'intérieur de la maison et parvient à confier au jeune garçon qu'un homme l'a kidnappée et qu'il essaie de la tuer.

James garde son sang-froid, éteint toutes les lumières, et emmène l'inconnue avec son frère et sa sœur dans la salle de bains, non sans s'être muni d'un petit couteau de chasse et avoir appelé son père pour lui demander de rentrer. Alors que la jeune femme, de son côté, appelle les services d'urgence, James peut entendre l'agresseur essayer de pénétrer dans la maison.

Il s'agit d'un criminel bien connu des services de police, qui essaie de forcer la porte, puis s'éloigne pour aller chercher de l'essence dans l'idée d'incendier la maison, ce qu'il commence à faire. James continue à garder son calme et à attendre les secours, toujours enfermé dans la salle de bains.

Finalement, son père arrive et parvient à éteindre l'incendie quelques minutes avant l'intervention de la police. La jeune femme est emmenée sous protection à l'hôpital, et le suspect est interpellé.

Quant à James, il est évidemment félicité par ses parents, mais également salué par la police qui lui confirme qu'à 14 ans, il fait bien déjà partie du cercle de ceux qui ont personnellement sauvé une vie. Ce qui fait de l'homme ordinaire un héros, c'est qu'il a le courage d'ouvrir quand l'aventure, talonnée par le danger, frappe à la porte.

ARMANDO SOCCARAS RAMIREZ

L'impossible fuite

Un jeune homme de 17 ans, décidé à fuir le régime castriste avant d'être appelé pour neuf années de service civil ou militaire, se tapit, le 3 juin 1969, à l'aéroport de La Havane, tout près de l'endroit où les avions de ligne font leur point fixe juste avant le décollage.

À l'insu de ses parents et de ses six frères et sœurs, mais avec la complicité de deux amis, Armando Soccaras Ramirez est décidé à gagner l'Espagne de la plus rapide et décisive des manières : en avion.

Alors que le DC8 d'Iberia vient de s'arrêter, Armando et son camarade Jorge parviennent à se hisser, l'un dans le compartiment droit, et l'autre dans le compartiment gauche du train d'atterrissage.

Jorge est écrasé par le repli du train dès que l'avion prend de l'altitude. Son corps ne sera jamais retrouvé.

Quant à Armando, c'est à Madrid qu'il est découvert, dès l'atterrissage, par les employés stupéfaits de voir tomber un corps raidi de froid, mais vivant du logement droit du train. Le médecin juge désespéré le cas de cet homme gelé et plongé dans un coma profond dont personne ne parvient même à s'expliquer la survie, aucun être humain n'étant supposé pouvoir tenir plus d'une demi-heure à moins 40 degrés Celsius.

Les urgences s'emploient pourtant à traiter les symptômes d'un coma hypothermique avec anoxie des reins et du cœur, ainsi qu'un cerveau en état d'hibernation. Et à leur grande surprise, vingt-quatre heures plus tard, Armando a repris conscience et il mange normalement.

Après cet acte héroïque qui l'a vu défier avec succès le régime castriste et les lois de la médecine, Armando reprend le cours d'une vie ordinaire qui le verra travailler dans l'industrie du transport et donner naissance à quatre enfants et douze petits-enfants.

Comme la plupart des héros ordinaires, Armando n'a sans doute jamais eu l'impression d'en être un, se contentant, une fois installé dans sa vie, d'aller au bout de ses rêves, et réalisant ainsi, davantage que les héros sélectionnés par le mythe ou l'histoire, l'adage de Marc Twain : « Ils ne savaient pas que c'était impossible, alors ils l'ont fait. »

ENSEIGNANTS ASSASSINÉS

Parce qu'ils étaient profs…

La France pleure la perte de deux enseignants, Dominique Bernard et Samuel Patty, assassinés de manière tragique par l'obscurantisme, le fanatisme et l'intolérance.

Ces héros de l'Éducation ont perdu la vie en assumant leur mission de service public, en enseignant la laïcité et l'esprit critique à leurs élèves. Leur existence et leur engagement exemplaire témoignent des Lumières dont ils ont hérité et qu'ils ont cherché à porter.

Samuel Patty était un père de famille et professeur d'histoire-géographie engagé, qui cherchait à éveiller la curiosité de ses élèves et les encourageait à développer un esprit critique. Il considérait que l'enseignement était bien plus qu'une simple transmission de connaissances, mais un moyen de former des citoyens responsables et conscients de leurs droits et devoirs. Il avait à cœur de promouvoir les valeurs de la laïcité et de la liberté d'expression.

Il a été assassiné et décapité dans des circonstances atroces le 16 octobre 2020 par un terroriste islamiste, après avoir fait le choix de montrer des caricatures de Mahomet à l'occasion d'un cours sur la liberté d'expression. Sa mort a suscité une onde de choc dans toute la France et a été perçue comme une attaque contre les valeurs fondamentales de la République.

Dominique Bernard était un professeur de français dévoué, passionné par son métier et investi dans la transmission des valeurs républicaines. Il croyait en la puissance de l'éducation pour former des citoyens éclairés. Il a été assassiné le 13 octobre 2023, presque trois ans jour pour jour après le meurtre de Samuel Patty, par un ancien élève radicalisé après s'être interposé et avoir contribué à sauver plusieurs vies, comme l'a rappelé plus tard le président Emmanuel Macron.

Sa mort est intervenue dans un contexte de recrudescence du conflit israélo-palestinien, à la suite de l'attaque terroriste lancée par le Hamas, et a résonné comme une déclaration de guerre. Ces drames ont suscité une immense vague d'indignation et de solidarité en France et dans le monde entier. Des manifestations massives ont eu lieu pour rendre hommage à ces enseignants et pour défendre les valeurs qu'ils représentaient et véhiculaient. Les citoyens ont exprimé leur soutien à la liberté d'expression, à la laïcité et à l'éducation comme remparts contre l'obscurantisme, et les pouvoirs publics ont tenu à s'associer à ces démonstrations en décernant à titre posthume la Légion d'honneur aux deux fonctionnaires de l'Éducation nationale.

Ces attaques tragiques doivent cependant nous rappeler la fragilité de notre modèle éducatif et l'importance de rester vigilants. Les enseignants sont des cibles évidentes pour ceux qui veulent porter atteinte à nos valeurs fondamentales. Il est donc essentiel de protéger nos professeurs et nos éducateurs, de leur fournir les ressources nécessaires pour enseigner dans des environnements sûrs et de les soutenir dans leur mission essentielle.

Le sacrifice de Dominique Bernard et de Samuel Patty ne doit pas être oublié, mais demeurer un rappel constant de l'importance de défendre et de promouvoir les valeurs de liberté, d'égalité, de tolérance et de raison. En rendant hommage à ces enseignants, nous rendons hommage à tous ceux qui se battent pour promouvoir l'éducation et l'instruction comme outils indispensables d'émancipation. Car c'est à nous, en tant que société et nation, de faire comprendre à tous le rôle central de l'école, le rôle central de ceux qui transmettent, le rôle central de la préservation de l'autre.

Nous ne voulons plus jamais avoir à dire « aujourd'hui, un prof a été tué parce qu'il était prof ».

FRANCK TERRIER

L'intrépide héros à scooter

14 juillet 2016. Il est 22 h 30 à Nice et tout est calme. Des badauds se promènent en masse le long de la promenade des Anglais pour admirer le traditionnel feu d'artifice donné en cette occasion en bord de mer. Quand soudain un poids lourd blanc fait irruption sur la chaussée à plus de 90 kilomètres à l'heure, percutant de plein fouet tous les obstacles qui se dressent devant lui, à commencer par le barrage policier qui piétonnise la rue.

Le conducteur est un Tunisien installé à Nice, radicalisé depuis peu. Son objectif : tuer le plus grand nombre de gens possible. Une fois le barrage passé, le conducteur effectue de grandes embardées à gauche et à droite et renverse les dizaines de personnes essayant de se masser sur les bords de la route. Ralenti par quelques obstacles physiques, le camion est surtout gêné par un homme qui, voyant le drame se dérouler sous ses yeux, décide d'intervenir.

Chevauchant son scooter, il s'efforce de rattraper puis de coller le camion fou et d'empêcher le tueur d'avancer. N'y parvenant pas, il saute sur le marchepied et cherche à monter dans la cabine du conducteur. Il se bat alors avec le terroriste pendant quelques minutes avant de prendre un grand coup à la tête. Le camion est désormais à l'arrêt et les balles sifflent tout autour de lui.

Franck, mobilisant ses dernières forces, trouve un abri sous le camion, jusqu'à ce que le tueur soit abattu.

Persuadées que cet homme est un complice, les forces de police se saisissent de lui de manière musclée, ce qui laissera quelques séquelles à Franck pour les jours à venir.

Malgré cette intervention héroïque, le bilan est lourd, 86 personnes sont tuées, et on compte plus de 450 blessés.

Franck Terrier sera décoré de la Légion d'honneur le 14 juillet 2017 et témoignera lors du procès de septembre 2022.

partie 2

RÉSISTER ET COMBATTRE

Héroïnes et héros de guerre

« Entre ici, Jean Moulin, avec ton terrible cortège.

Avec ceux qui sont morts dans les caves sans avoir parlé, comme toi ;

et même, ce qui est peut-être plus atroce, en ayant parlé ;

avec tous les rayés et tous les tondus des camps de concentration,

avec le dernier corps trébuchant des affreuses files de Nuit et Brouillard,

enfin tombés sous les crosses ;

avec les huit mille Françaises qui ne sont pas revenues des bagnes,

avec la dernière femme morte à Ravensbrück pour avoir donné asile à l'un des nôtres.

Entre avec le peuple né de l'ombre et disparu avec elle – nos frères dans l'ordre de la Nuit… […]

L'hommage d'aujourd'hui n'appelle que le chant qui va s'élever maintenant, ce Chant des Partisans que j'ai entendu murmurer comme un chant de complicité, puis psalmodier dans le brouillard des Vosges et les bois d'Alsace, mêlé au cri perdu des moutons des tabors, quand les bazookas de Corrèze avançaient à la rencontre des chars de Rundstedt lancés de nouveau contre Strasbourg.

Écoute aujourd'hui, jeunesse de France,
ce qui fut pour nous le Chant du Malheur.
C'est la marche funèbre des cendres que voici.
À côté de celles de Carnot avec les soldats de l'an II,
de celles de Victor Hugo avec les Misérables,
de celles de Jaurès veillées par la Justice,
qu'elles reposent avec leur long cortège d'ombres défigurées.
Aujourd'hui, jeunesse,
puisses-tu penser à cet homme comme tu aurais approché tes mains
de sa pauvre face informe du dernier jour,
de ses lèvres qui n'avaient pas parlé ;
ce jour-là, elle était le visage de la France. »

Discours d'André Malraux,
prononcé devant le Panthéon
le 19 décembre 1964.

Quel est donc ce ressort intime qui permet de lutter contre son propre instinct de fuite, d'évitement, de survie ?

Comment combattre sa volonté de regarder ailleurs pour échapper à la confrontation, à l'affrontement, au risque ?

Voici des histoires d'individus, parfois préparés au combat ordinaire mais pas à la résistance de l'ombre, d'autres dont la vocation se révèle face aux injustices alors même qu'ils n'avaient du métier des armes qu'une vision lointaine ou totalement absente.

Des militaires qui vont au-delà du devoir. Des civils qui découvrent l'engagement, des pacifiques et des pacifistes qui trouvent le chemin de la révolte pour le bien commun.

MOUSSA ABADI
et ses 527 enfants

Né le 17 septembre 1907 à Damas, en Syrie, Moussa Abadi est avant-guerre un homme de théâtre doté d'une solide réputation. En 1937, Louis Jouvet lui confie même le rôle de Knock dans la pièce éponyme. En 1942, il s'installe à Nice avec sa compagne Odette Rosenstock afin de fuir les rafles antijuives. Refuge très temporaire puisqu'en novembre les Allemands envahissent la zone sud, jusqu'alors laissée aux bons soins du régime de Vichy.

Pour Moussa, témoin des exactions nazies, l'urgence est de sauver les enfants juifs. Il convainc Mgr Paul Rémond, l'évêque de Nice, qui va mobiliser toutes les institutions catholiques du diocèse.

Avec la complicité du prélat, Moussa et Odette changent d'identité afin d'éviter les rafles et d'échapper au sort qui leur est réservé. Odette se rebaptise Sylvie Delattre, assistante sociale de l'évêché chargée des enfants réfugiés du diocèse. Lui prend le pseudonyme de Marcel, qui sera le nom du réseau de sauvetage des enfants juifs, et devient officiellement inspecteur des écoles de l'enseignement libre. Le couple mobilise également les communautés protestantes de Nice et de l'arrière-pays, qui vont s'engager très activement. Au total, plus de cinq cents enfants seront pris en charge et cachés dans les institutions religieuses sous de fausses identités jusqu'à la Libération.

Odette est arrêtée et déportée en avril 1944, mais survit et revient en juin 1945 à Paris pour retrouver Moussa. Elle reprend alors son travail de médecin, tandis qu'il se consacre de nouveau au théâtre, animant notamment une émission intitulée *Images et visages du théâtre d'aujourd'hui* sur les ondes de Radio France internationale.

Parmi les enfants cachés du réseau Marcel, certains ont eu la chance de retrouver leurs parents après la libération des camps. Les autres, orphelins de la Shoah, ont été pris en charge par l'Œuvre de secours aux enfants (OSE).

Moussa décède le 15 septembre 1997. Odette le rejoint le 29 juillet 1999. Sauveteurs discrets, ils reposent ensemble au cimetière du Montparnasse à Paris.

WITOLD PILECKI

Le résistant d'Auschwitz

Witold Pilecki est né en 1901 en Carélie, dans l'Empire russe. Il descend d'une famille aristocratique polonaise nationaliste qui, après s'être engagée pour l'indépendance de la Pologne, a été punie par la Russie, privée de ses titres, de ses biens et déplacée. Le père de Witold a donc rejoint la fonction publique russe, ce qui ne l'empêche pas d'installer sa famille à Vilnius (capitale de l'actuelle Lituanie), une ville de culture polonaise où Witold devient membre de l'Organisation polonaise de scoutisme, en toute illégalité.

Après la révolution russe et la défaite des empires centraux, alors que Vilnius fait désormais partie de la nouvelle république de Pologne indépendante, Witold s'engage contre le communisme et affronte l'Armée rouge. À l'issue de la guerre entre la Pologne et l'URSS, il termine ses études. Après avoir étudié l'agriculture et les beaux-arts, il suit une formation militaire et devient officier.

En 1926, il hérite du domaine ancestral de sa famille (situé aujourd'hui en Biélorussie), s'y installe avec femme et enfants et s'investit dans la communauté : peintre amateur, il gagne surtout une solide réputation de défenseur du développement rural et s'attache à fonder une coopérative agricole, dirige la brigade des pompiers locaux, préside une usine agroalimentaire de traitement de lait… En 1932, Witold fonde aussi une école de cavalerie à Lida et y commande le premier escadron jusqu'à l'absorption de son unité par la 19e division d'infanterie polonaise. En 1938, Pilecki reçoit la croix du Mérite en argent pour son activisme communautaire et son travail social. Notre futur héros n'avait pas besoin d'en faire davantage pour inspirer l'admiration, et pourtant ses plus hauts faits restaient à venir.

La Seconde Guerre mondiale le voit prendre part aux violents affrontements avec la Wehrmacht lors de la campagne de Pologne, et lorsque son pays se rend, il décide de poursuivre la lutte et fonde l'Armée secrète polonaise qu'il dirige depuis Varsovie où il se cache. L'existence d'un camp à Auschwitz dans lequel seraient enfermés des travailleurs polonais parvient rapidement à ses oreilles et attise sa curiosité au point qu'il décide d'infiltrer les lieux. Il prend donc l'identité d'un résistant nommé Tomasz Serafinski dont il a trouvé les papiers et se fait délibérément arrêter par la police nazie lors d'une rafle. Après avoir passé deux jours dans un wagon à bestiaux, le voilà à Auschwitz où il découvre la réalité des camps et la mise en œuvre du génocide.

Rapidement, il transmet des renseignements à l'extérieur en les confiant oralement aux rares prisonniers libérés ou aux civils et contremaîtres qui peuvent pénétrer dans le camp. La résistance polonaise en possession de ces informations les donne ensuite à Londres.

Sur place, l'officier crée également des cellules indépendantes les unes des autres pour organiser la résistance de l'intérieur. Ses hommes apportent un soutien moral et matériel aux détenus, en volant de la nourriture et des médicaments, et préparent des plans d'évasion et d'insurrection.

En dépit des efforts des Allemands pour démanteler ce réseau, Pilecki n'est jamais pris. Mais le temps passe et l'intervention des Alliés qu'il escomptait n'arrive pas. L'infiltré s'évade avec deux camarades la nuit de Pâques 1943.

Libre, il s'attelle à la rédaction d'un second rapport qui n'est pas pris au sérieux par les Alliés. Witold retourne une fois sa mission accomplie à Varsovie où il prépare la libération via les services secrets et organise une nouvelle résistance en vue d'une possible occupation soviétique de la Pologne. C'est dans le cadre de cette activité qu'il est capturé en 1947 et condamné à mort pour espionnage par les Soviétiques.

En 2010, ce combattant parmi les plus courageux de la Seconde Guerre mondiale est nommé citoyen d'honneur de la ville d'Auschwitz, en plus de voir son nom attribué à une zone résidentielle de la ville. Une reconnaissance tardive mais nécessaire pour celui qui a risqué et donné sa vie pour la liberté.

GERTRUDE BELL

La véritable reine du désert

Gertrude Bell est née le 14 juillet 1868 à Durham, dans une famille de maîtres de forges du nord de l'Angleterre, aux idées libérales et libres-échangistes, et bien que l'entreprise familiale connaisse des vicissitudes, elle n'aura jamais à se préoccuper d'argent. Sa vie avant 1914 est consacrée à des activités que les jeunes filles ne pratiquent pas habituellement, comme l'alpinisme et l'archéologie du désert, mais aussi à des causes comme la Ligue pour le droit de vote.

La brillante carrière de Gertrude Bell commence à Oxford, où elle obtient un premier prix en histoire en 1887, est suivie d'un séjour à Téhéran, où son oncle, Sir Frank Lascelles, est ministre britannique. De retour dans les salons politiques et intellectuels d'Angleterre et d'Europe, elle n'entame qu'en 1899 sa carrière à la fois spectaculaire et oubliée.

On peut la découvrir sur une photographie prise devant le Sphinx en mars 1921, le dernier jour de la conférence du Caire, sur un chameau, entourée de Winston Churchill et de Thomas Edward Lawrence. Elle affiche assurance et satisfaction, peut-être parce que, outre le fait qu'elle passe beaucoup plus de temps à dos de chameau que les deux hommes, elle assiste à la naissance d'un nouveau pays, l'Irak.

Elle passe une bonne partie de sa vie entre Churchill et Lawrence. Si Churchill n'avait pas engagé les Alliés dans l'affreuse expédition de Gallipoli, elle aurait probablement épousé un jeune homme qui a perdu la vie. Et si les Turcs n'avaient pas triomphé, les Britanniques n'auraient pas eu besoin de soulever une révolte avec des Arabes idéalistes au tempérament difficile contre eux. Enfin, si Churchill, secrétaire d'État aux Colonies de l'après-guerre, n'avait pas été contraint de faire des économies et de trouver des dirigeants arabes à qui il pourrait confier des responsabilités, il n'y aurait pas eu d'Irak. Comme l'explique Georgina Howell dans son livre passionnant[9], les arabisants idéalistes du « Bureau arabe » britannique, formés à la hâte, étaient objectivement engagés dans un mensonge. Ils savaient que les promesses d'autodétermination ne seraient pas tenues à la fin de la guerre contre les Turcs. Mais ce n'était pas vraiment le cas de Gertrude Bell : déterminée à voir la promesse respectée, elle a contribué à changer le nom de la Mésopotamie en Irak.

À la fin de l'année 1915, elle est au Caire en tant que première femme officier (connue sous le nom de Major Miss Bell) à avoir été employée par les services de renseignements militaires. Cette distinction lui est attribuée parce que ses extraordinaires voyages et recherches en Arabie ont acquis une importance stratégique. Femme solitaire qui a exploré et cartographié une grande partie de l'Arabie, de la Syrie au golfe Persique, au moment même où l'Allemagne planifiait un chemin de fer de Berlin à Bagdad, elle fournit des informations sur les passages secrets et stratégiques. La plupart des utilisateurs restant persuadés que les « cartes Bell » ont été rédigées par un officier masculin...

Sa maîtrise de l'arabe et des subtilités tribales et son acuité politique lui permettront de discerner l'émergence de deux grandes forces rivales – les Wahabbites d'Ibn Saoud et les Hachémites de Fayçal. Pragmatique, Bell cherchait un roi crédible. La Mésopotamie s'était débarrassée des Turcs en 1918, grâce à l'arrivée des troupes britanniques et indiennes plutôt qu'aux efforts locaux. Pour la désigner, les nouvelles

9. *Gertrude Bell: Queen of the Desert, Shaper of Nations*, Farrar, Strauss and Giroux, 2007.

autorités coloniales ont emprunté un terme *Irak*, ou l'*Irak*, du verbe signifiant « être profondément enraciné ».

Selon un autochtone, « Londres avait promis un gouvernement arabe avec des conseillers britanniques, mais avait imposé un gouvernement britannique avec des conseillers arabes », Bell comprend qu'il faut trouver une autre solution. Son supérieur immédiat croit en un contrôle impérial britannique strict. Comme pour fragmenter davantage la situation, le gouvernement britannique a publié la déclaration Balfour, accordant un foyer national en Palestine au mouvement sioniste, et le nouveau régime bolchevique en Russie a publié les termes de l'accord secret Sykes-Picot, tombé entre ses mains. La divulgation a eu pour effet d'accroître considérablement la méfiance des Arabes à l'égard des Britanniques et a également incité le président américain Wilson à accorder l'autodétermination à tous les sujets coloniaux.

Bell s'est donc installée à Bagdad, a aidé à organiser des élections et à rédiger une constitution, à tracer des frontières avec l'Arabie saoudite et le Koweït. Elle a contribué à fonder le musée national irakien et a rédigé une étude, *A Review of the Civil Administration of Mesopotamia*, qui n'a rien à envier aux meilleurs « livres bleus » de l'Empire victorien. Elle a également conseillé le roi Fayçal, fondateur d'une monarchie constitutionnelle, qui va durer de 1921 à 1958.

Sa production littéraire avant la Première Guerre mondiale est considérable, avec notamment *Safar Nameh* (1894), *Poems from the Divan of Hafiz* (1897), *The Desert and the Sown* (1907), *The Thousand and One Churches* (1909), *Amurath to Amurath* (1911), et sa vaste correspondanc.

Souffrant d'une mauvaise santé et d'une profonde solitude, Bell prend une dose fatale de somnifères et meurt le 12 juillet 1926 chez elle, dans « son pays », à Bagdad, en Irak.

LES MERLINETTES

Les opératrices de la Libération

Le Corps féminin des transmissions (CFT), fondé à la fin de l'année 1942 en Afrique du Nord, au cœur de la tourmente de la Seconde Guerre mondiale, est plus connu sous le nom de Merlinettes, en l'honneur de son créateur, le colonel Merlin. N'en déplaise à certains esprits chagrins et chipoteurs qui peuvent y voir l'expression d'un paternalisme suranné, nous nous contenterons ici de célébrer l'héroïsme de ces femmes soldats à qui il a été permis de faire brillamment leurs preuves et dont la mémoire a été injustement occultée.

Leur histoire commence alors que l'opération Torch menée par les Alliés et les forces de résistance françaises ont conduit ces dernières à reprendre le contrôle de l'Afrique du Nord : très vite, il apparaît que les effectifs sont insuffisants. Merlin, alors responsable des transmissions, lance donc une campagne de recrutement inédite par voie d'affichage, qui mobilise de nombreuses patriotes, enthousiastes à l'idée de participer à l'effort de guerre en tant que soldats.

Formées initialement en Algérie, comptant deux mille membres dans leurs rangs à la fin du conflit, les Merlinettes ont ainsi pu participer à la progression des forces alliées vers l'Italie et l'Allemagne ainsi qu'à la libération de la France à laquelle elles contribuent au sein des Forces françaises libres dont elles font alors officiellement partie.

Principalement affectées aux tâches de communication comme analystes ou opératrices (téléphones, radios, téléscripteurs) dans un premier temps, elles ont pour certaines d'entre elles reçu par la suite une formation complémentaire à Londres et ont été entraînées puis parachutées en France comme agents exécutifs des opérations spéciales.

Sur les onze femmes larguées derrière les lignes ennemies, quatre, Suzanne Mertzizen, Marie-Louise Cloarec, Eugénie Djendi et Pierrette Louin, ont été capturées, torturées et déportées à Ravensbrück où elles sont exécutées le 18 janvier 1945.

Colette Escoffier-Martini, la dernière volontaire, s'est éteinte à 98 ans en mai 2024. Son témoignage reste un exemple d'engagement, de détermination, d'abnégation et de courage.

AWAD DARAWSHE

L'Arabe qui sauva les victimes du 7 octobre

Quand le Hamas attaque Israël le 7 octobre 2023, un Arabe israélien refuse de fuir le lieu du carnage et décide de rester pour sauver la vie des blessés. Pour cela, il donnera la sienne.

Awad Darawshe avait 23 ans, c'était un beau jeune homme célibataire, mais il n'était pas au festival Tribe of Nova pour danser. Il travaillait pour Yossi Ambulances et faisait partie d'une équipe affectée au festival dans une tente à la périphérie du site.

Il a été tué lors de l'attaque des militants du Hamas et d'autres groupes armés qui étaient parvenus à se frayer un passage en Israël depuis la bande de Gaza, à travers la foule du festival et dans les villages, les colonies et les kibboutzim voisins.

Lorsque l'ampleur de l'attaque du Hamas est devenue évidente, le chef du poste a ordonné aux ambulanciers d'évacuer les lieux. Darawshe a refusé de partir. Il a été tué par balles alors qu'il bandait l'un des blessés.

Quelques jours plus tard, après l'identification de son corps, les secouristes survivants ont expliqué à la famille de Darawshe pourquoi il avait choisi de rester. Il pensait qu'en tant qu'Arabe, il pouvait d'une certaine manière servir de médiateur avec les assaillants : « Non, je ne pars pas. Je parle arabe, je pense que je peux me débrouiller. » « Il nous a apporté beaucoup de douleur, il nous a apporté beaucoup d'agonie, il nous a apporté beaucoup de chagrin, a déclaré son cousin Mohammad Darawshe. Mais il nous a aussi apporté beaucoup de fierté, parce qu'il a choisi de poursuivre sa mission jusqu'au dernier moment. »

La famille Darawshe vit à Iksal depuis des générations. Elle fait partie de la minorité arabe palestinienne d'Israël, qui représente environ 20 % de la population. Ce sont les descendants d'habitants de la Palestine mandataire restés dans le pays après la proclamation d'Israël en 1948 et la guerre qui s'est ensuivie.

Citoyens à part entière d'Israël, ils sont confrontés aux tensions qui éclatent régulièrement entre Juifs et Arabes, en particulier en temps de guerre.

« C'est un héros », a déclaré le ministère des Affaires étrangères d'Israël.

« Que sa mémoire soit une bénédiction. Nous sommes très fiers de ses actions, a ajouté Mohammad Darawshe. C'est ce que nous attendons de lui et de tous les membres de notre famille : être humain, rester humain et mourir humain. »

MADAME BOUQUEY

La protectrice des Girondins

Marie-Thérèse Marinette Dupeyrat, que son mariage et les circonstances désigneront comme « Madame Bouquey », est une révolutionnaire girondine, dans tous les sens du terme. Mariée en 1781 avec François Bouquey, procureur du roi au siège royal de Saint-Émilion, elle mène l'existence bourgeoise que laisse entrevoir son portrait par Vatel.

L'élection à la Convention, par le département de Gironde, d'Élie Guadet, le mari de sa sœur, la rapproche des opportunités et des dangers du pouvoir dans l'instabilité de la période révolutionnaire. François Bouquey ayant obtenu, par l'intermédiaire de son beau-frère, un emploi de régisseur des domaines nationaux au château de Fontainebleau, c'est là que le couple apprend le coup de force parlementaire du 2 juin 1793, l'exclusion et l'arrestation des députés girondins. Demeurée à Fontainebleau avec son mari, elle est plusieurs mois sans nouvelles de son beau-frère Guadet et de ses amis, jusqu'au moment où son père, le négociant François-Xavier Dupeyrat, lui apprend par courrier la triste fuite des Girondins en direction de l'ouest, leur séparation à Quimper, la navigation d'une partie d'entre eux vers le Bec-d'Ambès en Gironde, et leur ralliement de Bordeaux à pied.

Dès qu'elle apprend la situation, Madame Bouquey s'engouffre dans une diligence et se rend à Saint-Émilion, où elle trouve le moyen d'aviser Guadet et ses amis que sa maison leur est ouverte. Le 12 octobre 1793, sept fugitifs se réfugient chez elle. Elle parvient à les cacher jusqu'au 13 novembre, date à laquelle, sous la pression de son mari et du reste de sa famille, elle est contrainte de les rendre à leur errance. Elle parvient néanmoins, en janvier 1794, à leur trouver un nouveau repère au premier étage de la boutique d'un perruquier.

Le 17 juin 1794 au matin, Saint-Émilion est bloquée par le 10e bataillon de la Gironde, la maison des Bouquey est perquisitionnée, les soldats y trouvent la trace des fugitifs et arrêtent tous ceux qui leur ont prêté main-forte. Madame Bouquey, son père et le père de Guadet sont chargés dans une charrette avant d'être condamnés à mort et guillotinés.

Lors de l'audience, Madame Bouquey s'indigne de se voir accusée de « pitié envers les malheureux » et elle s'exclame : « Si l'humanité est un crime, nous méritons la mort ! » Elle meurt en héroïne, allant jusqu'à demander à être exécutée la dernière pour éviter à son mari de voir répandre le sang de sa femme.

OSKAR SCHINDLER

L'industriel nazi sauveur de juifs

« Quiconque sauve une vie sauve le monde entier » enseigne le Talmud cité dans l'ouverture du film *La Liste de Schindler*. Mais qui est capable de tout risquer pour sauver ne serait-ce qu'une vie ?

L'industriel allemand Schindler nous offre un bel exemple, malgré un début de carrière bafouillant marqué par le développement de relations avec l'Abwehr (service de renseignements du parti nazi) à partir de 1936, et l'adhésion au Parti national socialiste en 1938. Dès lors, il emménage en Pologne et prend la direction d'une entreprise d'émail connue sous le nom d'Emalia.

Rapidement confronté à la violence du sort réservé aux populations juives, entre démantèlement des ghettos et constitution du camp de Plaszow, le riche entrepreneur prend la décision de venir en aide à ces populations dont le traitement lui fait horreur.

Sous couvert de besoins d'exploitation, il recrute plusieurs centaines de juifs et les met sous sa protection, en en faisant des éléments « indispensables » au bon fonctionnement de la machine de guerre allemande. Il falsifie en effet les comptes de son entreprise pour donner l'impression qu'Emalia constitue une industrie majeure de la production d'armes et de sa participation à l'effort de guerre. Il refuse en réalité de fabriquer des armes destinées à une bien triste besogne, et achète sa « production » directement au marché noir avec ses ressources personnelles.

Grâce à des pots-de-vin ainsi qu'à la mobilisation de ses nombreuses relations, il obtient l'autorisation de construire un sous-camp au sein même de son entreprise, dans lequel il peut loger, nourrir et soigner clandestinement les populations juives qui « travaillent » pour lui. Il réussit par ailleurs l'exploit de faire passer des femmes, des enfants et des handicapés pour des travailleurs pleinement efficaces.

Lorsque Schindler découvre que les nazis envisagent de fermer toutes les usines polonaises qui ne sont pas étroitement liées à l'armement, et que cette mesure pourrait toucher Emalia, il œuvre une fois encore à coups de corruption et de persuasion pour obtenir l'autorisation de déplacer son usine, et tous ses travailleurs, dans les Sudètes. Il sauve ainsi plus de 1 700 juifs d'une mort certaine.

Après la guerre, malgré tous ses efforts pour protéger et préserver les populations juives de l'extermination, il est poursuivi par les autorités des différents pays vainqueurs pour avoir intégré le parti nazi et aidé l'Abwehr. Il mène alors une existence de fuite, soutenu par les familles juives qui ont bénéficié de son aide, et vit dans la crainte, sans le sou, toutes ses ressources ayant été mises au service de son œuvre. Il meurt d'une insuffisance hépatique en 1974.

Malgré une fin de vie très ambiguë pour Schindler, pauvre, condamné par le plus grand nombre, il finit par être reconnu « Juste parmi les nations » par le mémorial Yad Vashem en 1963. À sa mort, il devient le seul membre du parti nazi à être enterré sur le mont Sion.

Son action n'est cependant pleinement reconnue qu'à la parution en 1993 du film *La Liste de Schindler*, réalisé par Steven Spielberg, et tiré lui-même du roman biographique, éponyme, écrit par Thomas Keanally.

GENEVIÈVE DE GALARD

L'ange de Diên Biên Phu

Lorsqu'elle pose le pied sur le tarmac de l'aéroport d'Orly, en juin 1954, la jeune infirmière de 28 ans se demande ce qui lui arrive. Une foule d'admirateurs se presse au bas de la passerelle pour acclamer celle que le magazine *Paris Match* a baptisée « l'héroïne de Diên Biên Phu », avec photographie à la une. Geneviève de Galard Terraube se serait bien passée de cette célébrité inattendue. « Je ne l'ai pas mérité », dira-t-elle. Tout son parcours dit le contraire.

Parce qu'elle veut donner du sens à sa vie et se mettre au service des autres, la jeune femme abandonne de confortables études d'anglais pour devenir infirmière. Son diplôme en poche, elle s'engage dans l'armée et poursuit sa formation pour devenir convoyeuse dans l'armée de l'air et infirmière pilote secouriste de l'air en 1952.

L'année suivante, Geneviève de Galard se porte volontaire pour une affectation en Indochine, alors en pleine guerre. Elle organise de nombreuses évacuations aériennes de soldats blessés depuis le camp retranché des forces françaises, dans la cuvette de Diên Biên Phu. Mais lors d'une rotation, le 28 mars 1954, alors que son avion se pose pour sa quarantième évacuation, l'appareil est endommagé et cloué au sol.

Geneviève s'enrôle aussitôt au sein de l'hôpital de campagne installé sur la base française. Seule femme présente au milieu de quinze mille soldats[10], elle soigne les blessés les plus graves avec des moyens de fortune.

Le 29 avril 1954, Geneviève de Galard est faite chevalier de la Légion d'honneur et est décorée de la croix de guerre des théâtres d'opérations extérieurs au sein même du camp retranché, proche de la capitulation. Le général de Castries dit d'elle : « A suscité l'admiration de tous par son courage tranquille et son dévouement souriant. D'une compétence professionnelle hors pair et d'un moral à toute épreuve, elle fut une auxiliaire précieuse pour les chirurgiens et contribua à sauver de nombreuses vies humaines. Restera pour les combattants de Diên Biên Phu, la plus pure incarnation des vertus héroïques de l'infirmière française. »

Le lendemain, pendant la célébration de la bataille de Camerone par la Légion étrangère, Geneviève de Galard est nommée légionnaire de première classe honoraire.

Lorsque le camp est pris par les forces viet minh, le 7 mai 1954, après plusieurs semaines de siège et d'assauts, Geneviève refuse de partir, comme le lui proposent les vainqueurs. Pas question pour elle d'abandonner « ses » blessés ». Elle sera finalement évacuée contre son gré le 24 mai.

Le général Eisenhower, devenu président des États-Unis, lui remet en juillet 1954 la plus haute distinction américaine, la Medal of Freedom, lors d'une cérémonie à la Maison-Blanche.

Celle que les Américains ont surnommée « l'ange de Diên Biên Phu » a repris son travail d'infirmière convoyeuse, avant de devenir épouse de militaire et mère de famille. Une vie ordinaire, en quelque sorte.

Elle mourra paisiblement à Toulouse à l'aube de son centenaire.

---

10. Selon certains auteurs, plusieurs dizaines de prostituées vietnamiennes stationnées dans le camp se seraient mises au service de Geneviève de Galard, servant d'aides-soignantes, et auraient été exécutées après la défaite. Une version contestée par d'autres sources.

PIERRE CHAILLET

Le jésuite résistant

Le père jésuite Pierre Chaillet a su dès 1938 de quoi étaient capables les nazis. Dès lors, il n'a eu de cesse d'éveiller les consciences par son témoignage. Et puisque cela n'était pas suffisant, il s'est engagé dans la Résistance.

Ce fils de paysans franc-comtois né le 13 mai 1900 à Scey-Maisières (Doubs) entre très tôt en religion. À 22 ans, il est membre de la Compagnie de Jésus, ordonné prêtre huit ans plus tard. Germaniste, Chaillet entreprend au début des années 1930 des recherches sur l'école de Tübingen, l'un des courants théologiques du XIXe siècle. Entre 1934 et 1939, le jeune religieux séjourne en Autriche et en Allemagne, où il assiste aux premières exactions contre les juifs. Pour alerter l'opinion, il publie un petit fascicule, *L'Autriche souffrante*, en 1939. Insuffisant pour enrayer la machine nationale-socialiste mais très efficace pour signaler ce prêtre remuant aux autorités du Reich.

Pierre Chaillet n'en a cure. Durant toute l'Occupation, il combat le nazisme et l'antisémitisme, d'abord par des chroniques dans les journaux clandestins de la Résistance, puis avec sa propre publication, le *Cahier du témoignage chrétien*, accompagné un peu plus tard du *Courrier français du témoignage chrétien*, ancêtre direct du magazine *Témoignage chrétien* actuel.

Mais Chaillet ne se contente pas du ministère de la Parole. Il passe aux actes et met sur pied, avec d'autres, l'aide aux réfugiés juifs poursuivis par la Gestapo au travers de l'Amitié chrétienne, une organisation qui fournit hébergement, secours en argent et faux papiers.

À Lyon, où il enseigne officiellement la théologie, il bénéficie du soutien du cardinal Gerlier, primat des Gaules. Une aide qui va peser de tout son poids, le 30 août 1942, pour permettre au père Chaillet et aux membres de l'Amitié chrétienne de sauver plus de cent enfants juifs enfermés dans un camp de transit à Vénissieux (Rhône) et promis à la déportation.

À la Libération, le père Chaillet est un très éphémère secrétaire général adjoint au ministère de la Santé, avant de présider le Comité des œuvres sociales de la Résistance (COSOR) jusqu'à son décès, le 27 avril 1972 à Lyon, après de longues années solitaires.

Pierre Chaillet a été reconnu « Juste parmi les nations » en juillet 1981 par l'Institut Yad Vashem.

BIPIN JOSHI

L'otage népalais

Le 7 octobre 2023, Bipin Joshi, étudiant en science de l'agriculture en Israël dans le cadre d'un échange universitaire du « Learn and Earn Programme », se réveille pour découvrir son téléphone submergé par les notifications.

Âgé de 23 ans, il fait partie d'un groupe d'étudiants népalais arrivés sur le territoire trois semaines avant les massacres du Hamas. Ils vivent aux côtés d'étudiants thaïlandais sur un terrain agricole, au kibboutz Alumim ; mais ce matin-là les nouvelles fusent, une attaque se déroule contre le gouvernement israélien. Bipin reçoit des vidéos de missiles survolant les champs sur le groupe WhatsApp qu'il a créé avec ses amis, on peut lire "*Be careful guys*" (« Faites attention, les amis »).

Alors que les roquettes s'embrasent face au dôme de fer, Bipin Joshi entend des coups de feu à proximité et comprend que cette attaque est différente des autres, cette fois une offensive terrestre se met en place. Les étudiants se dispersent et cherchent des abris. Terrifié, l'un des amis proches de Bipin, alors qu'il s'était caché derrière un réfrigérateur d'une ferme laitière, écrit à sa femme : « Je ne rentrerai pas à la maison. »

Bipin trouve un abri avec dix-sept de ses camarades népalais et poste une photographie sur Facebook intitulée « Bunker Time » sur laquelle tous les amis sont réunis. Mais rapidement les rafales se rapprochent et des cris de panique commencent à se faire entendre. Le Hamas fait irruption dans le refuge et ses combattants abattent deux hommes, l'un qui filmait la scène, l'autre qui voulait se protéger au cri de « Nous sommes Népalais ». Le reste du groupe, à l'abri dans une pièce isolée, reçoit depuis une ouverture deux grenades ; Bipin se jette sur la première et l'écarte du groupe, et alors qu'il se précipite sur la deuxième, celle-ci explose avant qu'il ne puisse la jeter. La déflagration projette le groupe à terre, beaucoup sont blessés.

Les terroristes s'en vont après l'explosion et s'avancent plus profondément derrière les frontières alors qu'une patrouille de police israélienne fait son apparition dans la ferme pour rassembler les survivants.

La plupart de ses camarades partent se mettre à l'abri loin du site, mais Bipin mobilise certains de ses amis et organise le dégagement des ruines et l'aide aux blessés. Il veut à tout prix sauver les siens, victimes de la grenade et prisonniers des décombres. Terrifié par un éventuel retour des terroristes, Bipin écrit à son cousin : « Si quelque chose m'arrive, tu dois prendre soin de la famille. Sois fort et tourne-toi toujours vers le futur. »

L'esprit entièrement occupé par le sauvetage de ses amis, il ne voit pas qu'un terroriste s'approche de lui et de ses camarades volontaires, un fusil à la main, alors qu'un autre membre du Hamas filme la scène : ce sera la dernière fois que Bipin sera vu vivant. Deux mois après son enlèvement, aucune trace ne subsiste de lui.

Lorsqu'il est parti le 13 septembre 2023, Bipin rassurait sa mère, il partait « voir le monde », tout irait bien.

Le gouvernement népalais met tout en œuvre pour le retrouver. Kanta Rizal, ambassadeur du Népal en Israël, a rencontré le 7 novembre le président israélien, Isaac Herzog, au sujet des otages népalais du Hamas.

Kanta Rizal a évoqué le cas de Bipin Joshi : « Bipin est spécial, parce que c'est un héros. Il a sauvé ses amis. »

RAOUL NORDLING

Le consul qui empêcha Paris de brûler

Né en 1881 en France, d'un père suédois, fondateur de la Société des pâtes à papier Gustav Nordling, et d'une mère française, Raoul Nordling étudie au lycée Janson-de-Sailly à Paris avant de collaborer professionnellement avec son père et de mener de front une carrière diplomatique : nommé vice-consul de Suède en 1905, à 24 ans, il devient consul en 1917 et consul général à la mort de son père à qui il succède en 1926. Il est également pendant l'entre-deux-guerres président du conseil d'administration de la branche française de sociétés suédoises.

Bien que de nationalité suédoise, il s'est toujours senti profondément français : très attaché à Paris, il manie par ailleurs avec davantage d'aisance la langue française que le suédois qu'il n'a appris qu'à la faveur de son service militaire au pays.

Depuis son plus jeune âge, il s'est attaché à favoriser de bonnes relations entre la Suède et la France, organisant par exemple une voie de correspondance diplomatique entre Paris et Moscou *via* Stockholm durant la Première Guerre mondiale, alors que les sous-marins allemands infestaient la mer Baltique. C'est donc en parfaite continuité avec ses actions et convictions passées qu'il agit lors de la Seconde Guerre mondiale, aussi bien lorsqu'il justifie la neutralité suédoise auprès de la France que lorsqu'il la dissuade de participer à l'expédition franco-britannique en Norvège.

Pendant l'Occupation, alors que le consulat de Suède est divisé et que son collègue s'installe à Vichy, en zone libre, Raoul demeure à Paris où il dépend désormais du consulat de Berlin. Quand la situation devient précaire pour les Allemands, il s'emploie à favoriser les négociations entre France, Suède et Allemagne, rencontrant l'ambassadeur d'Allemagne, Otto Abetz, mais aussi le roi Gustav V de Suède en mai 1944, à Stockholm où il se rend pour prendre connaissance du plan de médiation des pays neutres.

Il essaie également, en vain, de convaincre le maréchal Pétain d'insister auprès d'Hitler pour ouvrir des pourparlers. Le débarquement des Alliés en Normandie le convainc de redoubler d'efforts pour obtenir de l'ambassade qu'elle assouplisse ses positions à Paris, la libération de la capitale devenant prévisible.

Le 15 août, son équipe et lui-même s'engagent enfin dans de longues et pénibles tractations avec le général von Choltitz, le gouverneur militaire de Paris. Raoul Nordling déploie des trésors de persuasion pour obtenir la libération de plus de trois mille prisonniers politiques et le renoncement au projet d'Hitler qui avait exprimé sa volonté de détruire Paris avant de l'évacuer.

Il parvient même le 19 août à entrer en contact avec les résistants qui ont investi la préfecture pour leur arracher un cessez-le-feu qui permet à vingt mille soldats allemands encore présents de quitter les lieux. La libération de la capitale s'en trouve grandement facilitée et l'intervention de Nordling évite un bain de sang.

Par ailleurs, le consul ayant été prévenu de l'arrestation par la Gestapo des représentants directs sur place du général de Gaulle, il court trouver von Choltitz pour demander son intercession : les membres de la France libre qui devaient être exécutés ressortent libres.

Épuisé par ces péripéties, Nordling est victime le 22 août d'une crise cardiaque qui l'immobilise : c'est son frère, Rolf, qui rencontre alors le général Bradley et, guidé par Raoul, le persuade d'autoriser Leclerc et sa division blindée à entrer triomphalement dans Paris. C'est ainsi qu'une avant-garde de la 2e division blindée peut obtenir officiellement le 25 août la reddition d'un von Choltitz qui a déjà largement exprimé sa conviction profonde que la capitale était perdue et clairement manifesté son désir de conciliation. Il n'importe, cette libération de Paris « par les Français » a des implications politiques et géopolitiques majeures : elle permet au général de Gaulle de véhiculer la mémoire d'une France résistante et victorieuse et, ce faisant, de contribuer au travail de réconciliation nationale et de reconstruction qui devait suivre.

Par ailleurs, ce récit a évité à la France la destruction de sa capitale et l'humiliation de subir le même sort que l'Allemagne et justifié la possibilité pour elle de gagner sa place aux côtés des vainqueurs de la guerre en obtenant notamment un siège permanent au Conseil de sécurité de la toute jeune ONU. Ces événements ont été consignés par Nordling dans ses *Mémoires*.

Celles-ci, écrites en 1945, n'ont été retrouvées qu'en 1995 et ont été publiées en 2002, conférant à son auteur, déjà récompensé par la croix de guerre, la Légion d'honneur et le titre de « citoyen d'honneur de la Ville de Paris », la notoriété qu'il méritait.

LES DÉMINEURS

Les détecteurs de pièges mortels

Loin de l'héroïsme visible de ceux qui parviennent à prendre d'assaut une position ennemie, les démineurs sont cantonnés à la part d'ombre de la guerre, déjouant inlassablement les ruses de ceux qui, en voulant retarder l'ennemi, prennent le risque de piéger l'avenir.

En recherchant, neutralisant et enlevant les mines qui ont été réparties dans une zone, terrestre ou maritime, pour la rendre difficilement franchissable, ce n'est pas un ennemi de chair et de sang qu'ils ont à affronter une fois pour toutes, mais une mécanique assassine qui ne cesse de renaître de ces cendres chemin après chemin, tranchée après tranchée, lisière après lisière, chaque fois qu'un engin explosif, un piège ou une sous-munition ont été cachés pour surprendre l'ennemi au moment où il s'y attend le moins.

Héritier du « désobusage » consécutif à la Grande Guerre, le déminage s'est généralisé, à partir de la Seconde Guerre mondiale, quand les mines sont devenues une arme à part entière, au point que près de 60 millions d'entre elles ont été enlevées, après 1945, des deux millions et demi de kilomètres carrés de la partie de l'URSS où s'étaient tenus les principaux combats.

Depuis près d'un siècle en effet, les mines dispersées par les belligérants, qu'elles soient dissimulées dans le cadre d'un plan stratégique ou abandonnées pour couvrir un repli tactique, qu'elles soient laissées sciemment pour nuire durablement à l'ennemi ou oubliées au motif d'une paix inattendue, constituent la séquelle la plus durable des conflits armés – séquelle dont le propre est de sévir au détriment des civils qui sont souvent, pour leur plus grand malheur, les démineurs de fait dans une grande partie du monde.

Qu'ils soient militaires agissant au cours d'une opération, ou civils intervenant au bénéfice des populations, les démineurs risquent leur vie pour épargner celle des autres. Et leur métier même consiste en la répétition indéfinie d'un face-à-face avec la mort dont un seul des deux protagonistes, le démineur ou la mine, peut ressortir vainqueur.

Le propre d'un démineur, qu'il ouvre la voie à ses frères d'armes ou qu'il libère l'avenir des populations civiles déjà marquées par la guerre, c'est que l'héroïsme est chez lui, au sens propre du terme, une affaire quotidienne : non pas l'acte unique au travers duquel sa vie sera révélée en s'élevant au-dessus d'elle-même, non pas l'impensable advenu par surprise, non pas le courage marquant telle vie d'une pierre blanche, mais l'exceptionnel renaissant chaque jour de ses cendres.

Tant qu'il y aura des mines, il faudra des héros assez sages ou assez fous pour remettre en jeu le titre qu'ils ont obtenu avant-hier et conservé hier, se battre encore une fois et déjouer la mort.

Ce sont là les plus extraordinaires et les plus quotidiens des héros, dont le courage vient inlassablement défier, au cœur de la paix, la pérennité de la guerre.

Plusieurs monuments rendent hommage aux six cents victimes de leur devoir, au ballon d'Alsace, à Lyon ou à Paris La Défense.

FANIA FÉNELON

La chanteuse d'Auschwitz

Fania Fénelon, née Fanny Goldstein, est une chanteuse, pianiste et écrivaine française dont le destin a été marqué par l'expérience des camps de concentration.

Née en 1908, elle fréquente le Conservatoire de Paris où elle obtient un premier prix de piano. Son engagement dans la Résistance lui vaut d'être déportée à Auschwitz, où elle est membre de l'orchestre des femmes, et témoin à la fois de la folie destructrice du docteur Mengele et de la mise à mort de dizaines de milliers de déportés hallucinés.

Sa musique érige, au cœur de l'inhumanité la plus absolue, le témoignage résiliant, persistant, insistant des valeurs humaines – et ce même quand il lui arrive, sous les rires gras des SS, de jouer pour que valsent les nains en sursis du docteur Mengele, avant qu'une opération démiurgique, une abominable dissection, ou une simple piqûre ne les fasse passer du statut de monstres de laboratoire à celui de cadavres à dissoudre dans l'atmosphère.

Elle livre dans son livre *Sursis pour l'orchestre* (1976) le récit de ces mois interminables au cours desquels quelques détenues ont joué à la fois pour le plaisir du bourreau et pour l'honneur du condamné, alors que « prostré, immobile, sous la brûlure du soleil, un public de fantômes rayés, aux yeux creux, préoccupé par sa propre mort, regardait sans comprendre ce spectacle de déments ».

Transférée à Bergen-Belsen, elle est libérée en 1945, où elle chante pour la BBC le jour de sa libération par les troupes britanniques.

C'est ensuite qu'elle devient célèbre dans les cabarets parisiens sous le nom de scène de Fania Fénelon, avant de déménager à Berlin-Est avec son compagnon, puis de mourir en France en 1983, demeurant pour la postérité celle qui a fait entendre l'harmonie de la voix humaine au cœur de l'indicible.

ROSE VALLAND

L'historienne qui sauva les chefs-d'œuvre

Mi-historienne de l'art, mi-espionne, Rose Antonia Maria Valland, née en 1898, est une héroïne trop méconnue, entrée dans la Résistance pour empêcher le pillage des œuvres d'art par les nazis.

Derrière ses lunettes, la conservatrice du musée du Jeu de paume est une résistante héroïque et cache un courage hors du commun. Pendant toute l'Occupation, au risque de sa vie et à la barbe des nazis, elle espionne et liste les œuvres spoliées aux musées nationaux comme aux familles juives qui transitent par son musée avant de partir pour l'Allemagne.

Dans le sous-sol du musée, elle met aussi à l'abri 524 tableaux et 92 sculptures qui ne seront jamais découvertes par l'occupant. Pendant quatre ans, elle garde la trace des mouvements des œuvres, de leur provenance et de leur destination. Elle rédige des fiches, déchiffre les papiers carbone allemands jetés dans les poubelles, espionne les conversations des officiels nazis.

En août 1944, sur ordre de Goering, cinq wagons de train sont affrétés pour transporter des caisses remplies d'œuvres d'art moderne entreposées au Jeu de paume. L'acheminement de ce train est stoppé par l'action des cheminots de la Résistance qui agissent grâce aux informations données par Rose Valland.

Comme elle l'écrivait dans son livre *Le Front de l'art* paru en 1961, Hitler avait proclamé que « les biens des collections nationales, les biens des collections privées, devaient être sous son contrôle ». Selon elle, ces confiscations vidaient la quasi-totalité des musées français. Elle aura joué un rôle décisif dans la sauvegarde, la récupération et la restitution de plus de 60 000 œuvres. Son intervention sera également déterminante dans la tenue des audiences du tribunal international de Nuremberg consacrées en février 1946 au pillage des biens artistiques.

Elle reste l'une de femmes les plus hautement décorées en France et à l'étranger : officier de la Légion d'honneur, commandeure des Arts et des Lettres, médaille de la Résistance française. Les États-Unis lui remettent la médaille de la Liberté. Elle est également officier de l'ordre du Mérite de la République fédérale d'Allemagne...

Elle meurt en 1980.

LE SOLDAT INCONNU

Pour tous les héros des guerres passées, présentes et futures

Après la fin de la Première Guerre mondiale, la société française traumatisée veut honorer ses morts. Il s'agit de rendre hommage à ses héros ordinaires tout autant que de veiller à entretenir la mémoire du conflit qui a endeuillé le monde entier pour faire de cette guerre « la der des der ».

La version nationale des monuments commémoratifs qui marquent l'espace de chaque village prend d'abord la forme d'un livre d'or qui, rappelant tous les morts de la guerre, serait placé au Panthéon. Mais la Chambre des députés adopte finalement le 12 septembre 1919 la proposition d'inhumer « un déshérité de la mort » dans le temple des grands hommes. Cette décision, très politique, qui vise également à célébrer le cinquantenaire de la IIIe République en panthéonisant le cœur de Léon Gambetta pour inscrire la Grande Guerre dans une continuité avec celle de 1870 afin de manifester la victoire de la France sur l'Allemagne, suscite des réprobations du côté des anciens combattants : ceux-ci refusent la récupération politique d'une entreprise qui, pour eux, vise à exalter au travers de la figure du soldat inconnu celle de chaque combattant tombé au champ d'honneur.

Finalement, la Chambre transige en proposant comme sépulture l'Arc de triomphe, réservant le Panthéon au seul

Gambetta. La cérémonie destinée à choisir le soldat qui sera inhumé se déroule le 10 novembre 1920 dans un lieu emblématique de la violence aveugle du conflit : la citadelle de Verdun. Là sont exposés huit cercueils contenant les corps de soldats qui ont servi sous l'uniforme français mais n'ont pu être identifiés.

Tous ont été exhumés dans les huit régions où se sont déroulés les combats les plus meurtriers : en Flandres, en Artois, dans la Somme, en Île-de-France, au Chemin des Dames, en Champagne, à Verdun et en Lorraine. Le ministre des Pensions, vétéran, André Maginot, s'avance alors vers un des jeunes soldats qui assurent la garde d'honneur, Auguste Thin, soldat de 2e classe au 132e régiment d'infanterie, et lui tend un bouquet d'œillets blancs et rouges avant de lui expliquer le principe de la désignation : le cercueil sur lequel ce jeune soldat déposera le bouquet sera transféré à Paris et inhumé sous l'Arc de triomphe.

Auguste Thin a raconté plus tard ce qui avait déterminé son choix : « Il me vint une pensée simple. J'appartiens au 6e corps. En additionnant les chiffres de mon régiment, le 132e, c'est également le chiffre 6 que je retiens. Ma décision est prise : ce sera le sixième cercueil que je rencontrerai. » Une fois choisi, le cercueil du soldat inconnu quitte Verdun sous escorte militaire et est transporté à Paris où le président Alexandre Millerand prononce un discours.

C'est ainsi que, le 11 novembre 1920, le cercueil fait une entrée solennelle sous l'Arc de triomphe. Il ne sera pourtant mis en terre que le 28 janvier 1921, en présence des autorités civiles et militaires, dont les maréchaux Foch, Joffre et Pétain, le ministre belge des Affaires étrangères, le Premier ministre britannique Loyd George et un représentant du Portugal.

À 8 h 30 du matin, les troupes présentent les armes. Le ministre de la Guerre, Louis Barthou, s'incline devant le cercueil et déclame : « Au nom de la France pieusement reconnaissante et unanime, je salue le soldat inconnu qui est mort pour elle. »

LOUIS ADRIAN

Le polytechnicien qui protégeait les têtes

Ingénieur polytechnicien et intendant militaire né en 1859, Louis Adrian est retraité lors du déclenchement de la Première Guerre mondiale. Il demande sa réintégration et, très vite, s'illustre par son esprit d'initiative, tout particulièrement dans la protection de la tête des soldats. Car les trois quarts des blessures sont à la tête et la quasi-totalité est mortelle. Le képi ne protège pas ni des tirs ni des éclats d'obus. Louis Adrian propose dans un premier temps une cervelière en acier à mettre sous le képi.

Il conçoit ensuite un nouveau casque en tôle d'acier à partir de celui des sapeurs-pompiers de 1895. Après validation des protypes, il le fait fabriquer, avec l'aide de Louis Kuhn, un contremaître des établissements Japy Frères de Beaucourt, et la distribution aux troupes commence au printemps 1915.

Le casque Adrian M 1915 est né. En 1916, le nombre des blessures à la tête des « poilus » français s'effondre. Toutes les troupes alliées s'équipent de ce modèle ou le copient. Il restera en service durant des décennies, sauvant la vie de plusieurs centaines de milliers de soldats. Plus de trois millions de casques Adrian seront remis à l'armée française sept mois après la décision de production. Plus de vingt millions seront produits.

Après la défaite de 1940, le casque sera jugé obsolète. Mais une étude rétrospective de 2020 a prouvé son efficacité : des ingénieurs américains ont mené des tests pour comparer les casques allemand (Stahlhelm), britannique (Brodie) et français (Adrian) et même le casque moderne américain, en matière de résistance face au souffle d'une explosion : « La pression exercée au-dessus du casque était comparable à celle reconnue pour provoquer des hémorragies cérébrales. Les tests ont montré que le risque était de 50 % sans casque, de moins de 10 % avec les casques allemand et britannique, de 5 % avec le casque moderne américain et de 1 % seulement avec le casque français Adrian[11] ».

La tombe de Louis Adrian est visible au cimetière de Genêts, dans la Manche. Elle est reconnaissable entre toutes, car elle est ornée d'un casque… Adrian.

---

11. Joost Op't Eynde, Allen W. Yu, Christopher P. Eckersley, Cameron R. Bass, « Primary blast wave protection in combat helmet design: A historical comparison between present day and World War I », *PloS ONE*, vol. 15, n° 2, 2020 (DOI : 10.1371/journal.pone.0228802).

MARIE-MADELEINE FOURCADE

La cheffe du réseau Alliance

Si Marie-Madeleine Bridou naît en 1909 dans une famille bourgeoise, elle semble avoir assez tôt échappé aux conventions de son milieu. Mariée avant sa majorité au futur colonel Méric à qui elle donne deux enfants, elle jouit rapidement d'une existence indépendante et libre, fréquente l'écrivaine Colette et anime Radio Cité où elle est chroniqueuse de mode. En 1936, elle rencontre deux camarades de son beau-frère Georges Georges-Picot, officier supérieur : Charles de Gaulle et Georges Loustaunau-Lacau.

Elle accepte alors une proposition de travail du second, qui cherche à unir les mouvements de droite nationaliste et d'extrême droite contre le Front populaire. Elle est donc associée aux réseaux Corvignolles et devient secrétaire générale du groupe de publication nationaliste La Spirale qu'anime Loustaunau-Lacau. Lorsqu'Édouard Méric est muté comme officier des Affaires indigènes au Maroc, les époux se séparent officiellement, et quand la guerre éclate, elle vit donc seule à Paris avec ses deux enfants.

Forte de ses contacts dans les milieux nationalistes, elle décide d'entrer dans la Résistance : puisque les hommes ont déposé les armes, il appartient aux femmes comme elle de les relever. Dans un premier temps, Loustaunau la convainc de le suivre à Vichy où il prend la tête de la délégation générale à la Légion française des combattants. Là-bas, un réseau centré sur la capitale de la France libre et Marseille se déploie et ces espaces se révèlent être un terrain fertile de recrutement d'officiers et de fonctionnaires patriotes. Dès 1941 pourtant, Loustaunau est congédié de la Légion : la rupture avec Vichy est consommée et les activités de Marie-Madeleine deviennent totalement illégales.

Alors que son mentor est « grillé » à Paris, elle parvient à organiser en zone nord et dans l'ouest le réseau Alliance qui jure fidélité à l'Angleterre, et que les Allemands appellent l'« Arche de Noé » à cause des pseudonymes d'animaux que se donnent ses membres. Après que Loustaunau est arrêté et livré aux Allemands, Marie-Madeleine met un point d'honneur à refuser de donner à son combat toute dimension politique, un choix qui éloigne d'elle certains gaullistes convaincus.

Adoubée par ses compagnons de clandestinité, elle succède à Loustaunau en usant d'abord d'une signature neutre destinée à dissimuler sa féminité : POZ 55. Ses résultats étant exceptionnellement bons, les Britanniques finissent par accepter de reconnaître Marie-Madeleine comme chef incontesté du réseau de renseignements militaires. Elle restera la seule femme à jouir d'une telle autorité en France et en Europe avec la Belge Andrée De Jongh. Attentive aux conseils prodigués par les Anglais qui lui enseignent comment décentraliser son réseau pour gagner en sécurité, elle n'en ajoute pas moins une spécificité relative à son genre : convaincue de la plus-value des femmes dans le renseignement, alors même qu'on ne les attend pas dans de telles activités, elle en recrute pour Alliance à hauteur de 25 %. La fonction publique reste également, comme aux débuts, un vivier de choix.

À la tête d'Alliance, Marie-Madeleine joue notamment un rôle majeur dans la bataille de l'Atlantique en fournissant des renseignements sur les places fortifiées de l'ouest, sur les transports allemands vers l'est et sur les essais de V1 et V2. Elle organise également le départ du général Giraud pour Alger où il accueillera le débarquement allié.

À partir de juin 1944, elle remplit essentiellement des missions de renseignement en amont de l'armée du général Patton. Une fois la guerre terminée, elle trouve une nouvelle cause en prenant soin pendant des années des familles et des survivants de son réseau dont un tiers des membres a succombé. Toujours énergique, décidée à porter les mémoires de la Résistance, elle prend la présidence du Comité d'action de la Résistance et publie un ouvrage en guise de témoignage sous le titre de *L'Arche de Noé*. Bien que fidèle à son approche non partisane de l'engagement, elle voit en le général de Gaulle un garant de la grandeur nationale à laquelle elle adhère depuis toujours. Elle contribue donc, aux côtés de son second mari, Hubert Fourcade, à son retour au pouvoir en 1958.

Commandeure de la Légion d'honneur, Marie-Madeleine Fourcade meurt à 79 ans, le 20 juillet 1989, à l'hôpital d'instruction des armées du Val-de-Grâce.

Le gouvernement français et les derniers survivants du réseau lui rendent un hommage solennel le 26 juillet à l'occasion de ses obsèques en la cathédrale Saint-Louis-des-Invalides. Une mesure dérogatoire prise par le gouvernement a permis cet hommage, le premier rendu à une femme en ce lieu. Elle est inhumée au cimetière du Père-Lachaise à Paris.

JUMPIN'JO BEYRLE, BERNARD DARGOLS...

Le destin incroyable de GI du D Day

Le 6 juin 1944, 157 000 soldats dont 71 000 GI américains déferlaient sur les côtes normandes par la mer ou le ciel : en quelques heures, les plages du nord-est du Cotentin et de l'ouest du Calvados dans les secteurs de Utah et Omaha Beach et de la pointe du Hoc pour les Américains, de Gold pour les Britanniques, de Juno pour les Canadiens et de Sword pour les Britanniques, augmentés des Français libres des commandos Kieffer, deviennent le théâtre d'un affrontement sanglant qui se solde par des pertes évaluées à 10 000 du côté des Alliés et autant du côté des Allemands.

Ce débarquement du « D Day » en France des troupes alliées, nom de code opération Neptune, est le premier acte de la bataille de Normandie, nom de code Overlord, vaste opération soigneusement préparée depuis des mois et visant à créer une tête de pont dans le nord-ouest de l'Europe pour ouvrir un nouveau front et soulager les forces soviétiques à l'est. Il est difficile d'imaginer ce que ces hommes, munis d'un petit manuel de savoir-vivre fourni par le gouvernement américain et destiné à faciliter leur acclimatation en France, serrés les uns contre les autres dans les étroites embarcations qui les conduisaient jusqu'au rivage sous le feu ennemi, ont pu ressentir avant de poser le pied à terre. Certains témoignages de survivants à cette hécatombe et aux épreuves qui ont suivi nous aident pourtant aujourd'hui encore à prendre la mesure du courage qu'ils ont dû déployer.

Tel est le cas de Joseph Beyrle, ce jeune Américain âgé de 20 ans seulement. Lorsqu'il saute dans le ciel normand en cette nuit du 5 au 6 juin, il est déjà aguerri par plusieurs missions accomplies pour la Résistance française à qui il avait notamment fourni armes et munitions. Pour ses sauts toujours couronnés de succès, Joseph s'était trouvé affublé du surnom de Jumpin'Joe. Pourtant, cette fois-ci, les choses ne se déroulent pas comme prévu et Jo atterrit sur le toit d'une église à Saint-Côme-du-Mont, à 12 kilomètres du lieu prévu.

Sa formation intensive qui lui permet d'évoluer pendant quelque temps dans le bocage tout en sabotant au passage un pont et une station électrique ne l'empêche pas de sauter par malchance la nuit du 8 juin dans un trou où dorment des soldats allemands. Fait prisonnier, il est transféré au bout de quelques semaines dans le nord de la France pour réparer les chemins de fer détruits par les bombardements alliés, puis dans un stalag allemand près de Francfort à la mi-septembre.

Alors que Jo trime, ses parents et ses frères d'armes le pleurent, car son médaillon, qui lui avait été confisqué au moment de sa détention, est retrouvé autour du cou d'un cadavre calciné, impossible à identifier. Après une tentative d'évasion ratée, où il est sauvé de justesse, non sans avoir été torturé, par des officiers de la Wehrmacht hostiles aux méthodes de la Gestapo dont il vient de faire les frais, il est déporté en Pologne. Toujours très dégourdi, Jo réussit à apprendre que l'Armée rouge est toute proche et décide de rejoindre les Soviétiques.

C'est ainsi qu'au début du mois de janvier 1945, il s'enfuit en se cachant dans un baril, gagne une grange où il s'abrite jusqu'au moment où, à bout de forces, grelottant, il entend enfin des voix et lève les bras au ciel en criant ces mots répétés depuis des jours : « *Amerikanskiy tovarishch!* » Jumpin'Joe se trouve alors enrôlé par les Russes qui comprennent vite à quel homme exceptionnel ils ont affaire. Blessé alors que son unité progressait vers Berlin, il est transféré à Moscou et de là, à l'ambassade des États-Unis. Il peut enfin rentrer chez lui où il est reçu tel le fils prodigue, fier des prestigieuses décorations décernées par les deux Alliés qui se regardent déjà avec défiance et ne vont pas tarder à s'affronter.

Bernard Dargols a lui aussi vécu aux côtés de ses camarades l'arrivée sur les côtes normandes le Jour J. Né à Paris en 1920, ce Français, parti à l'âge de 18 ans aux États-Unis en stage professionnel juste avant le début de la guerre, assiste impuissant à la défaite de son pays et voit au cinéma la poignée de main de Montoire.

Décidé à ne jamais combattre pour le régime de Pétain, il cherche à rejoindre les Forces françaises libres lorsque l'entrée en guerre des États-Unis lui offre une occasion de se battre du côté qu'il juge être le bon. Il intègre en 1942 un camp d'entraînement de l'US Army et apprend le b.a.-ba de la vie militaire puis, en raison de ses compétences linguistiques et de sa connaissance de la France, est affecté dans un camp de renseignements militaires. Sa future mission sera de recueillir des informations auprès de la population dans l'éventualité d'un débarquement.

Le 5 juin, l'attente se termine enfin. Bernard Dargols prend place dans un Liberty ship au milieu de centaines de soldats de la 2e division d'infanterie américaine et arrive enfin en vue des côtes françaises, au niveau d'Omaha Beach, presque six ans après avoir quitté son pays natal. Après avoir survécu à la première journée, il peut remplir sa mission et commence à collecter dans les villages des informations sur les troupes allemandes, la localisation des dépôts de munitions, d'éventuelles mines, etc. Grâce à ses précieuses indications, la progression des Alliés se trouve grandement facilitée.

C'est seulement en septembre 1944 qu'il rejoint sa mère à Paris. Jusqu'en janvier 1946, le GI Dargols poursuit son travail au sein du service de contre-espionnage de l'armée américaine avant d'être finalement démobilisé. Très longtemps, il n'a pas parlé de son incroyable aventure. Sa femme elle-même, ainsi que ses enfants n'apprennent la vérité que bien plus tard, dans les années 1980, lorsque Bernard comprend qu'il convient de partager ses souvenirs pour en faire un matériau historique et en assurer la mémoire : « Un témoignage, c'est mieux que de lire un roman », affirme-t-il alors que, désormais disposé à raconter son expérience, il intervient dans les écoles et se confie même à sa petite-fille Caroline Jolivet pour la rédaction d'un livre intitulé *Un GI français à Omaha Beach*. Il est mort en 2019 sans emporter son histoire dans la tombe.

Comme Joseph Beyrle, il a contribué par son récit à écrire la grande histoire du Débarquement et à nous convaincre qu'il n'y a pas de petit héroïsme.

CHÉRIF MÉCHERI

Le préfet courage

Chérif Mécheri est un Français d'origine arabo-berbère, né en 1912 en Algérie. Il étudie d'abord dans une école coranique avant d'être reçu sur concours à la médersa de Constantine et d'entrer au lycée où ses professeurs, admiratifs, l'encouragent à poursuivre ses études. Il est titulaire d'une bourse qui lui permet de persévérer dans cette voie en France et décroche son baccalauréat à Marseille avant de faire son droit à Aix, d'obtenir l'agrégation et de préparer un doctorat à Paris.

Il revient en Algérie où il exerce d'abord comme avocat puis devient conseiller technique des Affaires indigènes au ministère de l'Intérieur avant d'entamer une carrière préfectorale à partir de 1934 : il est de ce fait le premier sous-préfet musulman et passe par Saint-Jean-de-Maurienne, Rochechouart et Châteaudun, où il collabore avec Jean Moulin, alors préfet à Chartres.

Ce dernier rend hommage à l'attitude de Chérif le 17 juin 1940 lors de l'invasion allemande : « Je suis heureux d'apprendre que malgré l'ordre de repli d'urgence donné l'avant-veille par le gouvernement, pour tous les affectés spéciaux, Mécheri est resté, comme je le pensais, à son poste, dirigeant vaillamment les secours. » Il poursuit avec les sous-préfectures de Rochefort et Narbonne. Toujours fidèle à la France, sans pour autant s'engager d'aucune manière dans la collaboration avec un gouvernement de Vichy exécré, il est nommé préfet à Limoges en 1944 où il fait face au drame d'Oradour-sous-Glane.

Son attitude équanime et son efficacité lui valent le surnom de « préfet courage » et un nouveau poste de préfet après la guerre, à Digne. Il est en parallèle chargé de mission aux Affaires algériennes au cabinet du ministre de l'Intérieur, alors que la question coloniale, particulièrement en Algérie, se fait plus pressante. Il conseille à ce sujet Vincent Auriol et René Coty et occupe les fonctions de secrétaire général de la présidence de la République et du Haut Conseil de l'Union française.

En cette qualité, il œuvre à l'indépendance de la Tunisie et du Maroc, croyant légitimement que l'indépendance de l'Algérie interviendrait dans la foulée. Le général de Gaulle en vient à lui proposer d'intégrer l'un des trois grands corps de l'État : le Conseil d'État, l'Inspection générale des finances ou la Cour des comptes, qu'il choisit finalement en qualité de conseiller maître. Par la suite, il conseille diverses représentations diplomatiques, ainsi que Pierre Mendès France au sujet du monde arabe.

Son parcours exemplaire et courageux en toute circonstance lui a valu de nombreuses distinctions : il est fait chevalier de la Légion d'honneur le 20 juillet 1933, promu officier le 4 août 1949 puis commandeur le 24 juin 1958 pour avoir « servi la cause française à l'étranger ou en Union française ». Il est élevé à la dignité de grand officier le 31 décembre 1984. Mort en 1990, il est aujourd'hui l'objet d'un regain d'intérêt pour les chercheurs, notamment au travers d'un fonds d'archives initié par Sciences Po et d'un ouvrage de Boris Cyrulnic et de José Lenzini qui s'interrogent sur les ressorts psychologiques de la Résistance[12].

---

12. *Chérif Mécheri, préfet courage sous le gouvernement de Vichy*, Odile Jacob, 2021.

MICHEL HOLLARD

L'ingénieur espion

Michel Hollard est né en 1898 d'un père professeur de physique nucléaire à l'École de physique et chimie de Paris et à la Sorbonne et d'une mère cousine de Théodore et Jacques Monod.

Lorsque la Première Guerre mondiale éclate, il s'enfuit du domicile pour s'engager dans l'armée française en trichant sur son âge. C'est ainsi qu'il participe à la bataille du Chemin des Dames et est décoré de la croix de guerre à 19 ans. Après le conflit, il reprend ses études, se marie et a trois enfants qu'il nourrit grâce à un emploi dans une firme de fournitures automobiles.

Lorsque, une nouvelle fois, la guerre interrompt le cours de sa vie, il est affecté à un emploi technique au Centre d'études de mécanique, balistique et armement qui, après l'armistice, choisit la collaboration avec l'Allemagne.

Décidé à ne pas contribuer à l'effort de guerre de l'ennemi, il démissionne et se fait embaucher par Gazogènes Autobloc avec une idée derrière la tête : nanti d'un poste de représentant, il jouira d'une grande liberté de mouvement pour voyager en France et servir la Résistance dont il rêve de rejoindre les rangs. Le voici donc parti dans le Jura, près de la frontière suisse, sous le prétexte de reconnaître des coupes de bois nécessaires à l'alimentation des gazogènes.

Grâce à l'aide d'un exploitant forestier également très hostile à l'occupant, Hollard passe de l'autre côté de la frontière et entre en contact avec l'ambassade britannique en Suisse pour lui apporter des renseignements et obtenir d'elle la reconnaissance qui l'autorise à monter son propre réseau, qu'il appelle « Agir ».

Dès lors, il recrute une centaine d'agents aux quatre coins de la France chargés de collecter, grâce à leurs occupations habituelles et quotidiennes, des informations susceptibles d'être exploitées par Londres. Les horaires des convois militaires lui étaient ainsi communiqués par un chef de gare, de simples conversations entre soldats allemands lui étaient relatées par un aubergiste… Après avoir centralisé ce précieux matériau, Michel le transmettait à l'Angleterre *via* la Suisse. C'est précisément au cours de l'un de ces voyages périlleux le contraignant à franchir en toute illégalité la frontière qu'il doit se battre contre un berger allemand décidé à l'empêcher de passer par-dessus une barrière hérissée de barbelés. Il est à peine débarrassé de l'animal qu'il manque de se faire abattre par deux soldats allemands dont l'intention première est *in extremis* découragée par l'intervention providentielle d'un garde-frontière suisse.

De toutes les péripéties qui jalonnent son parcours et en font un véritable parcours du combattant, la plus notable est la découverte au printemps 1943, grâce au signalement de l'un de ses agents ingénieur des chemins de fer à Rouen, de sites de lancement des bombes volantes V1, destinés à faire pleuvoir sur Londres un déluge de feu.

Intrigué par l'ampleur des installations secrètes, Hollard se rend sur place sous les traits d'un pasteur et découvre ce qu'elles dissimulent. Les descriptions précises fournies à l'ambassade britannique permettent ainsi quelques mois plus tard à la Royal Air Force de détruire les infrastructures qui auraient pu infliger à la capitale de l'Angleterre des dégâts considérables.

Intrépide, Michel n'en est pas moins depuis le début d'une grande prudence quant à la fiabilité des agents qu'il recrute. C'est pourtant sur la dénonciation de l'un d'entre eux, fraîchement associé au réseau, que Michel est arrêté à Paris par la Gestapo. Il est torturé et déporté dans le camp de concentration de Neuengamme, d'où il est exfiltré en avril 1945 par une mission humanitaire de la Croix-Rouge suédoise, alors que sa vie ne tient plus qu'à un fil.

Revenu à la vie civile, Hollard a été récompensé et honoré en France comme en Angleterre. Mort en 1993, il est le symbole d'un héroïsme dépassant la seule dimension nationale et un Eurostar a été baptisé de son nom en 2004.

AUGUST LANDMESSER

L'homme qui ne saluait pas Hitler

C'est une photographie de 1936.

Comme tant d'autres depuis son arrivée au pouvoir, un rassemblement à la gloire du chancelier du Reich est organisé aux chantiers navals Blohm & Voss de Hambourg. On y voit une marée de bras tendus. Sauf un.

Celui d'un homme, un ouvrier, qui refuse de faire le salut nazi.

C'est un geste de défi, mais aussi d'amour pour Irma, sa femme qui était juive.

Il sera emprisonné, envoyé dans un camp, puis incorporé d'office dans l'armée et envoyé sur le front. Il mourra au combat.

Il était si facile de lever le bras. Et si courageux de ne pas le faire.

Sa photographie lui survit pour l'éternité.

PHYLLIS LATOUR

Au service du SOE

Phyllis est née en 1921 à Durban en Afrique du Sud. Décidée à s'engager contre les forces de l'Axe, elle rejoint dès 1941 l'Angleterre et la Women's Auxiliary Air Force (WAAF). Ses nombreuses compétences et son caractère bien trempé poussent les services anglais à s'intéresser à son profil rapidement, d'autant plus qu'elle maîtrise parfaitement le français. Le Premier ministre Winston Churchill a en effet créé en 1940 une direction des opérations spéciales qui approche Phyllis pour la recruter et la convaincre de rejoindre les stages de formation du Special Operations Executive (SOE) en 1943.

Les rapports parvenus de cette période où elle s'exerce sont mitigés. Phyllis est décrite par ses supérieurs comme brillante, énergique, courageuse, enthousiaste, mais aussi naïve, ingénue, immature. Au sein de ce corps d'élite, l'exigence est de mise et la critique est davantage la règle que la louange, en dépit des efforts des jeunes recrues. Dans ces conditions difficiles, Phyllis parvient cependant à enregistrer de nets progrès et devient fine tireuse et parachutiste émérite.

Ainsi formée, elle est parachutée en Normandie le 1er mai 1944 et, après avoir été réceptionnée par le réseau Navarre, devient opératrice radio pour le réseau Scientist du SOE, sous le nom de code de Paulette. On lui fournit également une nouvelle identité : Paulette Latour, étudiante française, officiellement réfugiée dans la région pour échapper aux bombardements alliés. Elle se déplace ainsi à bicyclette durant des semaines au service du SOE sans attirer l'attention et, en dépit de petites rivalités internes qui opposent les représentants anglais du SOE dont elle dépend et les réseaux français qui la couvrent, elle parvient de mai à août à adresser centre trente-cinq messages au QG de Baker Street, couvrant le débarquement des Alliés et la bataille de Normandie.

Le SOE ne lui proposant plus de mission stimulante, elle quitte le service à la fin de la guerre et rentre en Afrique où elle se marie.

Elle s'est éteinte en octobre 2023 en Nouvelle-Zélande où elle s'était installée. Comme de nombreux héros ordinaires, elle avait gardé le silence des années durant sur son rôle pendant la guerre avant que son fils découvre son passé prestigieux au service du monde libre.

Soixante-dix ans après les faits, Phyllis Latour a enfin été décorée de la croix de chevalier de la Légion d'honneur.

PIERRE MASSE

L'avocat exemplaire

Pierre Masse est né en 1879 en Dordogne, mais le berceau de sa famille se trouve à l'est, car son grand-père a choisi la France après la défaite de 1871, et est venu s'installer à Paris. Son père est magistrat.

Brillant élève, il obtient le bac en 1896, s'inscrit à la faculté de droit de Montpellier et devient le plus jeune avocat de France lorsqu'il prête serment en 1899. Commence alors pour Pierre une riche vie professionnelle et mondaine, qui le familiarise avec le milieu politique, le monde du journalisme et celui de la littérature.

Fort de sa notoriété naissante, il est élu en 1907 conseiller général de l'Hérault, représentant du canton de Lunas, une fonction qu'il occupe jusqu'à la Seconde Guerre mondiale avec efficacité et enthousiasme : c'est à lui que les habitants de chaque village de sa circonscription doivent, en une trentaine d'années de mandats, d'avoir accédé progressivement à l'eau courante, à l'électricité, au téléphone.

Passionné par la politique, il s'engage davantage en devenant député socialiste de l'Hérault en 1914. Sa qualité de parlementaire aurait pu lui permettre de se tenir à l'écart des combats. Il n'en est rien : dès le jour de la déclaration de guerre, il rejoint le 23e régiment d'infanterie territoriale et s'illustre par son courage à plusieurs reprises, comme ce 27 septembre 1914 où il se porte au-devant des lignes occupées par sa section pour secourir un blessé, le charger sur son dos et lui sauver ainsi la vie.

En juin 1915, Pierre Masse est de retour au Parlement où il s'attache à la mise en œuvre de mesures sociales en faveur des victimes de la guerre. Il fait notamment voter les allocations destinées aux veuves et aux orphelins de guerre, que ces derniers soient légitimes ou naturels. Il œuvre aussi à la reconnaissance et à l'indemnisation des traumatismes physiques et psychologiques des soldats réformés. En 1917, il épouse Marie Arrault, déjà mère de deux enfants naturels, ce qui témoigne d'une grande liberté vis-à-vis des conventions de l'époque.

La même année, dans un contexte difficile de mutineries, le sous-secrétariat d'État à la Justice militaire lui échoit, on connaît en effet sa rigueur et sa bienveillance.

Redevenu simple député à la chute du gouvernement Painlevé, puis simple avocat, il continue de s'intéresser à l'amélioration de la justice au quotidien : son cabinet connaît un bel essor et Pierre Masse, qui se spécialise dans la propriété littéraire, collabore avec un grand nombre de personnalités dont Pierre Cot. Il conseille et défend également de nombreux artistes et hommes de lettres comme Sacha Guitry, Tristan Bernard, Henri Bernstein... et Philippe Pétain qui devait affronter les conséquences de ses incartades sentimentales.

Dans les années 1920, Pierre est élu au Conseil de l'ordre, et en 1933, il se sent prêt à présenter sa candidature au Bâtonnat. À cette occasion, il est victime d'une campagne antisémite qui lui laisse un goût amer et ne l'empêche pas d'être élu.

Quelques années plus tard, son élection comme sénateur de l'Hérault vient couronner une brillante carrière politique. Lorsque la guerre éclate, son gendre et son fils sont mobilisés ; très rapidement, le premier est tué, le second, blessé et fait prisonnier.

Lorsque, quelques semaines plus tard, il est convoqué à Vichy pour siéger à l'Assemblée, investie des pouvoirs constituants, il vote les pleins pouvoirs à Pétain, qu'il avait connu durant la Première Guerre mondiale, non sans avoir insisté auprès de Pierre Laval sur la nécessité de garantir les libertés individuelles.

Pour se conformer aux exigences du premier article de la loi du 10 septembre 1940, interdisant l'exercice de la profession d'avocat à quiconque ne possède pas la nationalité française à titre originaire comme étant né d'un père français, il communique au bâtonnier Charpentier sa généalogie avec humour pour attester de l'ancienneté de son appartenance française, et lorsqu'est promulguée la loi du 3 octobre 1940, établissant l'ensemble des restrictions et interdictions qui frappent les juifs, il proteste avec véhémence et adresse un vigoureux courrier à Pétain qui jamais ne répondra.

Il récidive en février 1941 lorsqu'un courrier lui demande à nouveau de faire connaître ses origines : « Mes deux grands-pères étaient de religion israélite. L'un, bâtonnier de l'Ordre des avocats de Strasbourg en 1870, a tout abandonné propriétés familiales et situation pour rester français ; l'autre a été, il y a un siècle, maire de la commune de l'Hérault que je représente depuis 34 ans au conseil général. Leurs femmes appartenaient à la même religion. J'élève contre la loi du 3 octobre 1940 la protestation la plus formelle. D'ascendance strictement française dans toutes les branches et aussi loin que je puis remonter, officier d'infanterie, titulaire de citations qui ont toutes été gagnées en avant des lignes françaises, ancien chef de la Justice militaire à une époque où les gens de la 5e colonne étaient envoyés aux fossés de Vincennes, ayant parmi mes parents les plus proches quatre officiers tués à l'ennemi, membre du Conseil de mon ordre, régulièrement élu sénateur par mes compatriotes de l'Hérault, je n'accepte pas d'être traité en Français de la deuxième catégorie. Croyez que je regrette, m'adressant à vous, d'avoir à m'exprimer avec cette fermeté. Je n'oublie pas la déférence que je vous dois, ni que j'ai eu l'honneur de siéger avec vous au comité de guerre en 1917. Veuillez agréer, Monsieur le Maréchal, l'assurance de mes respectueuses considérations. »

Le climat se tend de plus en plus, et quelques semaines plus tard, Pierre Masse signe avec seize intellectuels, dont Robert Debré, Léon Lyon-Caen, Edmond Bloch, René Fould, Louis Halphen, une nouvelle lettre adressée à Philippe Pétain qui se terminait ainsi : « Français, non pas d'adoption, mais de toujours, Français, non pas du bout des lèvres, mais de tout leur cœur et de toute leur ardente de conviction, la grande majorité des israélites de France dont nous sommes certains d'exprimer les sentiments, vous demande avec confiance de ne pas laisser s'accomplir le geste annoncé, de sauver une fois encore l'unité française [...]. »

Parallèlement, il continue d'exercer sa profession d'avocat et se lance avec courage dans la défense des juifs. C'est ainsi qu'il défend le dramaturge Henri Bernstein et obtient la condamnation pour diffamation de l'un des journalistes du journal *Je suis partout.*

Livrant combat en pleine lumière, il finit par alerter et inquiéter l'occupant et est arrêté sur ordre des Allemands le 22 août 1941 en compagnie d'autres avocats juifs, événement que couvre avec satisfaction la presse collaborationniste qui s'empresse de saluer leur déportation. Ses collègues et lui inaugurent ainsi le camp de transit de Drancy dans lequel les conditions sanitaires et alimentaires sont épouvantables.

Les témoignages s'accordent sur le fait que Pierre Masse, doté d'une autorité naturelle, met alors son charisme au service de la communauté des prisonniers, attentif à perpétuer les conditions d'une vie supportable et digne. Après lui avoir fait croire qu'il serait fusillé le lendemain, ses geôliers organisent son transfert au début de l'année 1942 à Compiègne, où il retrouve son frère parmi les nombreuses victimes des rafles parisiennes récentes.

Là aussi, il semble que la « chambre » de Pierre et Roger Masse ait été un haut lieu de manifestations d'humanité et de résistance : les deux frères organisent régulièrement des discussions autour de l'art, mettent sur pied une chorale et constituent un tribunal chargé de maintenir l'ordre et la discipline au sein du camp.

En mars 1942, il est conduit à la Santé grâce aux efforts de sa femme pour le transformer en condamné de droit commun. En dépit de toutes les tentatives désespérées de ses proches, Pierre, considéré comme très dangereux par les Allemands comme par certains collaborateurs français férocement antisémites qui refusent alors sa remise en liberté, est renvoyé à Drancy en septembre 1942, avant d'être acheminé pour Auschwitz. Il n'y parviendra pas vivant.

Jusqu'à ce jour, au-delà de l'avenue qui porte son nom à Paris, et du timbre postal à son effigie édité en 1960, il est un symbole au sein du Barreau de Paris et il n'est pas rare que, lors des prestations de serment, on lise aux jeunes confrères entrant dans la profession le courrier que Pierre Masse a adressé, en décembre 1941, à son bâtonnier. Cette lecture qui se perpétue depuis plus de quatre-vingts ans est un hommage aussi rare que mérité.

HASAN AITAZAZ

L'étoile de la bravoure

Ce matin du 6 janvier 2014, Hasan Aitazaz est en retard pour se rendre à l'école. Le jeune garçon, âgé de 15 ans, fréquente le collège Ibrahimzai, à Hangu, au Pakistan. Il presse le pas, mais il n'est pas le seul. Devant lui, un homme d'une vingtaine d'années file dans la même direction.

À quelques centaines de mètres des deux marcheurs, deux mille élèves s'apprêtent à entrer dans leurs classes respectives. Trop vieux pour un collégien, se dit Hasan, qui accélère. Le suspect en fait autant. Hassan en est sûr, ce type prépare un mauvais coup. Il se précipite sur lui et le ceinture par-derrière. Le terroriste, pris au piège, déclenche le gilet explosif destiné à faire un carnage dans la cour du collège.

Les collégiens sont sains et saufs. Mais la vie d'Hassan s'achève. Son histoire commence. Des milliers de personnes assistent à ses obsèques. Les plus hautes autorités pakistanaises saluent en lui un héros national. Quelques jours plus tard, le gouvernement provincial rebaptise le collège du nom de Hasan Aitazaz. Quant à sa famille, elle n'est pas oubliée, avec l'attribution d'une somme de 5 millions de roupies et la remise de l'Étoile de la bravoure, l'une des plus hautes distinctions civiles du pays.

En 2016, le cinéma pakistanais a rendu hommage à Hasan au travers du film *Salute*, retraçant la courte mais héroïque vie du jeune garçon.

COMPAGNONS DE LA LIBÉRATION

La matrice de la Liberté

Quel fol optimisme ou quelle sage clairvoyance ont inspiré le général de Gaulle lorsque le 16 novembre 1940, alors que personne n'accordait de crédit à sa « France libre », il a créé l'ordre de la Libération pour « récompenser les personnes ou les collectivités militaires et civiles qui se seront signalées dans l'œuvre de libération de la France et de son empire » ?

Cette création d'un panthéon en amont de la fabrique des héros a quelque chose d'une prophétie : une prophétie que les compagnons se seront employés à réaliser avant que l'ordre ne soit forclos en 1946.

Mille trente-huit compagnons, auxquels il faut ajouter cinq communes et dix-huit unités combattantes, et avec elles tous ceux qui en leur sein ont su prendre les armes pour relever l'honneur de la France : tel est le nombre à la fois fixé et indéfini de ceux qui ont attelé leur courage à l'œuvre de la Libération.

Certains sont célèbres, comme Jean Moulin, Félix Éboué, Romain Gary, ou encore la ville de Paris dont la citation à l'ordre de la Libération note avec lucidité que son éveil à l'héroïsme n'a pas été immédiat : « Capitale fidèle à elle-même et à la France, a manifesté, sous l'occupation et l'oppression ennemies, et en dépit des voix d'abandon et de trahison, sa résolution inébranlable de combattre et de vaincre. Par son courage en présence de l'envahisseur et par l'énergie indomptable avec laquelle elle supporta les plus cruelles épreuves, a mérité de rester l'exemple pour la Nation tout entière. »

D'autres sont moins célèbres, qu'ils soient nommés, comme les 1 038 héros dont l'ordre assure la postérité, ou anonymes, comme ceux de Vassieux-en-Vercors, « village du Vercors qui, grâce au patriotisme de ses habitants, s'est totalement sacrifié pour la cause de la résistance française en 1944. Principal centre de parachutage pour l'aviation alliée sur le plateau, a toujours aidé de tous ses moyens les militaires du maquis dans les opérations de ramassage d'armes. Très violemment bombardé le 14 juillet, attaqué par 24 planeurs allemands les 21 et 22 juillet, a eu 72 de ses habitants massacrés et la totalité de ses maisons brûlées par un ennemi sans pitié. Martyr de sa foi en la résurrection de la Patrie ».

Parmi les compagnons figurent 271 personnes « à titre posthume », soixante étrangers de vingt-cinq nationalités différentes, six femmes, et l'amplitude d'âge s'étend de Mathurin Henrio, mort à 14 ans, au dernier compagnon, Hubert Germain, mort le 12 octobre 2021 à l'âge de 101 ans.

Une multiplicité de héros donc, rassemblés en un ordre qui aura été, au cœur des ténèbres de la défaite, la matrice de la victoire, et qui doit nous convaincre que le courage ne surgit pas seulement par surprise ici ou là, mais qu'il se décrète, qu'il se proclame, qu'il s'annonce, pour rallier chacun à son appel.

LE NAIN DE GARIBALDI

Le combattant minuscule

Selon Martin Monestier, dans *Des hommes différents, les nains*[13], alors qu'en Italie, en ce milieu du XIXe siècle, les combats de libération contre la domination autrichienne font rage, Garibaldi, héros de l'indépendance italienne, reçoit la visite d'un étrange personnage.

Alors que se bousculent autour de lui les hommes soucieux de prêter leur courage à la cause, il voit venir à sa rencontre un nain, attaché – comme alors la plupart de ses semblables – au service d'une famille aristocratique.

Quand ce personnage minuscule demande solennellement à rejoindre ses troupes, Garibaldi et les soldats qui l'entourent ne peuvent pas s'empêcher d'éclater de rire, ne voyant dans cette démonstration de courage qu'une manifestation de bouffonnerie.

Vexé sans doute, mais non démotivé, le nain se retire, mais c'est pour mieux revenir, au terme d'un premier engagement armé. Persuadé de voir sa valeur enfin reconnue, il revendique fièrement avoir suivi la troupe de Garibaldi et s'être battu à ses côtés, allant jusqu'à montrer une blessure reçue derrière l'épaule. Mais c'est alors un des soldats qui, plutôt que de le féliciter, lui fait honte pour cette blessure reçue dans le dos, et non de face – blessure qui discrédite son courage plutôt que

13. Éditions Jean-Claude Simoën, 1977.

de l'établir. Et notre nain volontaire se retire, une fois encore, sous les quolibets de la soldatesque.

Quelques jours passent, et dans la foulée d'un vif accrochage, le nain parvient à paraître face à Garibaldi, qui s'attend sans doute encore à une forme de facétie. Ses derniers mots établissent pourtant d'une façon définitive ce courage dont ont douté impitoyablement les soldats plus conventionnels. À peine a-t-il murmuré « cette fois c'est par devant que je suis blessé » qu'il s'effondre, dévoilant aux yeux de tous sa poitrine criblée de balles.

Tel est le destin d'un combattant à la fois extraordinaire et anonyme qui aura dû se comporter en héros simplement pour que soient établies, aux yeux aveugles du bon sens des autres, la grandeur de son courage et la qualité de son dévouement.

FRANZ KAUFFMANN et HÉLÈNE JACOBS
L'honneur des Berlinois

Alors que le régime nazi s'installe en Allemagne et montre ses premiers signes d'oppression, Hélène Jacobs, qui est passionnée de droit mais n'a pu terminer ses études à cause de ressources familiales trop maigres, se dresse face à l'injustice.

Née à Pila en Pologne, Hélène se rend très tôt à Berlin où elle exerce un métier liant son intérêt pour le droit et son diplôme commercial (les études dans ce domaine sont moins onéreuses à l'époque) : le conseil en propriété intellectuelle. Aux côtés de son mentor Hermann Barschall, elle connaît une carrière brillante à laquelle met malheureusement fin la persécution nationale-socialiste subie par son cabinet, Barschall étant juif.

Elle parvient finalement à le faire fuir ainsi que sa famille hors d'Allemagne en 1939. Forte de son expérience dans le domaine des brevets, Hélène Jacobs se met alors à son compte et devient experte indépendante. Elle profite du statut libéral de sa profession pour disposer de son temps comme elle l'entend et se rapproche de Franz Herbert Kauffman alors avocat.

Tous deux sont membres de l'Église confessante : ce mouvement ecclésiastique protestant, opposé au développement d'une Église du Reich, critique du régime nazi et activiste, vient en aide aux victimes de l'oppression gouvernementale. Ensemble, ils organisent la protection des juifs sur le territoire allemand ; ils développent un réseau souterrain accompagnant leur fuite, l'hébergement et la production de faux documents d'identité. Hélène participe activement aux opérations du groupe et cache de nombreux juifs chez elle, où elle héberge notamment Samson « Cioma » Schonhaus.

Avant d'être dénoncés et internés, Hélène Jacobs et Franz Kauffmann ont fourni de faux papiers à plus de deux cents personnes dont ils ont contribué à sauver la vie.

Ayant survécu à la prison, après la guerre, Hélène Jacobs commence enfin des études de droit, et réalise sa vocation à Berlin où elle meurt à 97 ans en 1993.

L'appellation « Juste parmi les nations » vient récompenser l'héroïsme discret d'Hélène et de ses camarades, comme la médaille Buber-Rosenzweig pour service rendu à l'Allemagne, et à l'endroit où sa tombe se dresse, l'inscription « Tombe d'honneur de la ville de Berlin ».

LUCIEN SIEGRIST

Le gardien de la paix expert en faux papiers

En 1937, à 32 ans, Lucien Ernest Siegrist devient gardien de la paix à Paris, mais alors qu'il commence sa carrière comme agent de circulation, l'Allemagne remporte sa campagne éclair contre la France et il tente de fuir le pays vers l'Espagne. Lors d'une escale à Marseille en novembre 1941, Lucien rencontre un membre d'Alliance, un réseau de renseignement militaire français, qui le convainc d'intégrer l'antenne marseillaise. Il y entre en janvier 1942 et s'illustre rapidement lors d'opérations de transmission de documents stratégiques et de récupération de matériel parachuté, si bien qu'il devient à la fin de sa première année secrétaire personnel du commandant Léon Faye alors en charge de l'unité clandestine.

Après les arrestations massives en 1942 et en 1943, Lucien est chargé de reconstituer le réseau de résistance effondré et crée à la demande du commandant Faye une section intitulée « Défense passive ». Ce groupe devient sous son impulsion une véritable usine de production de faux papiers. À mesure que les arrestations se poursuivent, Défense passive se retrouve acculée et déménage à Lyon pour plus de prudence. Malheureusement, trahis par des collaborateurs contre rémunération allemande, Lucien et certains de ses plus proches collaborateurs sont capturés par la Gestapo à leur arrivée en ville le 11 juin 1943.

Des mois durant, à Montluc puis à Fresnes, ils sont interrogés et violemment torturés. Le 16 décembre 1943, alors que l'hiver s'installe, Lucien Siegrist se trouve à bord du train vers l'Allemagne.

De Compiègne à Kehl am Rhein et Freiburg im Breisgau, Lucien est isolé, séparé de ses camarades, et après une année d'agonie, se retrouve face au tribunal de guerre, accusé d'espionnage. Le 3 juin 1944, il est condamné à mort. De retour en région de Bade-Wurtemberg, à la prison de Schwäbisch-Hall, il est placé en cellule d'isolement en attente de son exécution.

Désespéré, Lucien est à bout de souffle lorsque la sentence est approuvée et confirmée par Max Bastian, président du tribunal de guerre. La grâce sur laquelle il comptait est également refusée par Adolf Hitler lui-même.

À l'aube du 21 aout 1944, le soleil éclaire la caserne Schlieffen. Vingt-quatre détenus sont escortés par les militaires de la Wehrmacht. Ils refusent d'avoir les yeux bandés. Par groupes de huit, ils défilent le long du mur sous des yeux attentifs, avant de s'écrouler à terre, frappés à mort par les balles. Après avoir reçu l'assistance d'un prêtre, d'un pas résolu comme ils se l'étaient promis, ils font face à leur sort, et lors de ces trois salves consécutives, c'est aux cris de « Vive la France » que partent ces combattants. Le dernier souhait des condamnés est unanime : ils veulent « être enterrés en France ».

En 1947, alors que l'Allemagne a perdu la guerre, Alliance rapatrie les corps. Inhumé à Strasbourg-Cronenbourg, Lucien Siegrist est reconnu *post mortem* le 12 avril 1946 « mort pour la France » et le 18 septembre 2002 « mort en déportation ».

En 2002, la police nationale française se crée une devise *Pro Patria vigilant* – « Ils veillent sur la patrie ». Lucien en est le digne précurseur.

LES PONTONNIERS D'ÉBLÉ

Les sauveurs de la Grande Armée

Napoléon avait conçu de grandes espérances pour sa campagne de Russie. Pourtant, après une entrée à Moscou où, croyant arriver en vainqueur, il ne trouve qu'une ville déserte en proie aux flammes, après des semaines d'attente pour permettre à son armée éreintée de récupérer, force est de constater que le tsar Alexandre n'est aucunement disposé à négocier et que, en l'absence de nourriture et face à la perspective de l'hiver, il convient de rebrousser chemin. La Grande Armée, déjà sensiblement diminuée, prend donc le chemin du retour le 19 octobre 1812.

En quittant Moscou, Napoléon sait qu'il a perdu la guerre mais, pour ses hommes, le pire reste à venir : confrontés au harcèlement des cosaques, mal nourris, mal équipés face à l'hiver russe, ils endurent les pires souffrances. Le bilan humain de la campagne est terrible. On évalue à 15 % le pourcentage des soldats qui retraversent le fleuve Niémen le 13 décembre. Près de 250 000 soldats seraient morts au combat, 200 000 autres auraient été faits prisonniers, et environ 60 000 maraudeurs et déserteurs, devenus précepteurs, domestiques ou valets de ferme chez des particuliers, se seraient cachés en Russie et auraient ainsi survécu grâce à la complicité de la population locale.

Comble de malheur, l'hiver russe, si redoutable pour ses hommes, a cédé momentanément à un redoux qui fait fondre la glace et nécessité de traverser une Bérézina en crue... Napoléon ordonne alors qu'on trouve un nouveau passage du fleuve propre à permettre la construction de ponts.

C'est au général Éblé, commandant des équipages de ponts de l'armée, qu'il confie cette mission essentielle. Le 25 novembre, de bon matin, Éblé et ses hommes se rendent sur le gué pressenti ; sept compagnies de pontonniers, soit quatre cents hommes, doivent composer avec un matériel rare : quelques caissons d'outillage, deux forges et deux voitures chargées de charbon. La construction du pont prévu pour la cavalerie et l'infanterie et d'un autre plus solide, pour le passage de l'artillerie, commence le soir, à grand renfort de bois provenant des maisons des villages voisins.

Le 26 novembre, à 8 heures du matin, les pontonniers se mettent à l'eau pour disposer les ouvrages qu'ils ont préparés toute la nuit. Alors qu'ils travaillent durement en dépit du froid qui leur glace le sang, des cavaliers et quelques fantassins empruntent des radeaux pour établir une tête de pont sur la rive droite du fleuve avec le soutien de quelques canons. En début d'après-midi, le plus petit des ponts est achevé, et permet à une partie des troupes de traverser et de se mettre à l'abri des Russes. Le plus gros pont est achevé quelques heures plus tard et permet d'engager le passage du reste des effectifs.

Les 26 et 27, les pontonniers cherchent à favoriser la transhumance et s'attellent à réparer les ruptures répétées en n'hésitant pas à se jeter dans les eaux glacées, sans jamais pouvoir ensuite se sécher correctement.

Un officier badois du 2e corps d'armée du maréchal Victor témoigne ainsi : « À plusieurs reprises les ponts se rompirent sous le fardeau, et il s'écoula du temps avant que les pontonniers qui étaient déjà très fatigués et sans nourriture aucune eussent réussi à les rétablir. Mais ces braves gens, dans l'eau jusqu'à la poitrine, travaillèrent avec le plus grand zèle et la plus rare abnégation, et ils se dévouèrent à une mort certaine pour sauver l'armée. » Pendant la nuit du 27 au 28, la traversée s'intensifie et le passage se trouve encombré. Les attaques croissantes des Russes, désormais au fait de la manœuvre, des deux côtés du fleuve, rendent le passage de plus en plus complexe et létal, les Français pris au piège devenant une cible facile pour leurs ennemis. La traversée n'est alors plus possible qu'au risque de se faire pilonner ou de finir piétiné ou noyé.

Pendant ces heures interminables, les hommes du général Éblé doivent encore soutenir les infrastructures qui menacent de s'écrouler et dégager un passage au milieu d'un champ de cadavres enchevêtrés de soldats, de chevaux, et de véhicules renversés. Le 29 novembre au petit matin, alors que certains fuyards épuisés ont choisi de retarder leur traversée pour prendre quelque repos nocturne, et, rejoints par les derniers « traînards », s'engagent sur les installations d'Éblé et ses hommes, un énorme bouchon se forme. Après avoir attendu le dernier moment, Éblé ordonne aux pontonniers de livrer les ponts aux flammes : dix mille soldats attendent encore mais les Russes se font de plus en plus pressants et il convient de protéger la retraite de ceux qui les ont précédés. Parmi les quatre cents hommes qui ont construit les ponts, seuls le capitaine George Diederich Benthien, le sergent-major Schröder et six de leurs hommes survivront à la bataille. Éblé s'était jeté lui-même à l'eau pour donner l'exemple. Il meurt le 31 décembre 1812 à Königsberg (Kaliningrad) des suites d'une pneumopathie et y est enterré. Son cœur a depuis été transféré dans la crypte des Invalides.

Si le terme de « Bérézina » est aujourd'hui synonyme de désastre, historiens et militaires s'accordent à dire que cet épisode d'une défaite stratégique est un parfait exemple de victoire tactique, comme le rappelle Jean Tulard : « ... la bataille de la Berezina fut, dans des conditions difficiles, une victoire française illustrée par l'action héroïque du général Éblé. [...] Napoléon et le gros de ses forces ont échappé à la manœuvre de Tchitchagov et de Wittgenstein qui laissent beaucoup d'hommes sur le terrain. Ce succès n'aurait pas été possible sans l'héroïsme du général Éblé et de ses pontonniers[14]. »

---

14. *Dictionnaire amoureux de Napoléon*, Plon, 2012.

RENÉ DE NAUROIS

L'aumônier du commando Kieffer

René Paulin Jacob de Naurois est né en novembre 1906 à Paris. Au début des années 1930, il a l'occasion de séjourner régulièrement à Berlin où il étudie la philosophie. Il est ordonné prêtre en 1936 et poursuit ses voyages outre-Rhin comme aumônier pour être les yeux et les oreilles de l'évêque de Toulouse, Mgr Saliègues, inquiet de la montée des tensions en Europe. Il rencontre notamment de nombreux opposants allemands à Hitler et rend compte de toutes les exactions du régime nazi.

La guerre le contraint à rentrer en France en 1939 et il est mobilisé jusqu'à la défaite. De retour à Toulouse, décidé à continuer le combat, il sollicite dès juin 1940 Mgr Saliègues pour obtenir l'autorisation de rejoindre le général de Gaulle à Londres mais obtient une réponse non équivoque : « Votre devoir est de rester. » C'est donc depuis le territoire français qu'il s'engage en participant à la fondation de l'École des cadres d'Uriage où il fait entrer par exemple Emmanuel Mounier, Jean Lacroix, Hubert Beuve-Méry. Il en est pourtant exclu après avoir rendu visite à l'amiral Darlan et se lance désormais dans la Résistance à corps perdu. En zone libre, à Pau, Toulouse ou Grenoble, aux côtés d'Henri Frenay, il œuvre au sein du mouvement Vérités, ancêtre de Combat, et, à partir de décembre 1941, entre dans le mouvement Témoignage chrétien.

Désireux d'agir concrètement, il entreprend avec son cousin Bruno de Solages, recteur de l'Institut catholique de Toulouse, de protéger les juifs menacés par les persécutions qui se multiplient, en aidant bon nombre d'entre eux à passer la frontière suisse. L'invasion de la zone libre par l'Allemagne, à la suite de l'opération Torch, fait de lui une cible désignée de la Gestapo qui met la main sur lui, l'interroge mais le remet en liberté. Averti qu'il ne s'agit que d'un répit et que la police est prête à resserrer son étau sur lui, René décide de passer alors en Espagne et rejoint les Forces françaises libres à Londres où il participe à la préparation de l'opération Overlord.

Alors que le général de Gaulle – encore tenu à distance par les Alliés qui refusent de lui accorder leur pleine confiance et se défient de son ambition, en défendant par ailleurs leurs propres objectifs de guerre – n'obtient pas l'autorisation de prendre part au débarquement en Normandie le 6 juin 1944, René de Naurois est l'un des 177 Français à y participer : il est en effet incorporé au fameux 1er bataillon de fusiliers marins commandos (BFMC), les commandos Kieffer, en qualité d'aumônier.

Pendant le débarquement, il remplace le médecin qui a été tué dès les premières heures du combat acharné qui se livre et il se dépense sans compter au service des blessés et agonisants.

En dépit des 40 % de pertes enregistrées par son unité, leur objectif, qui était la prise du casino de Ouistreham, est atteint le jour même. Sa santé fragile l'oblige par la suite à être hospitalisé, mais on le retrouve encore avec son unité sur l'île de Walcheren et lors de la prise de Flessingues en novembre 1944 avant un nouveau séjour à l'hôpital en Angleterre.

Il est de retour au 1er BFMC en mai 1945 en Hollande et sert encore à Berlin après la capitulation dans l'armée d'occupation.

Épuisé, il est enfin démobilisé et retourne au diocèse de Toulouse, où il peut à nouveau se consacrer à sa vocation de prêtre, à l'enseignement et à ses chères études. On lui doit notamment quelques découvertes ornithologiques en Mauritanie, qui lui valent d'entrer en 1960 au CNRS dans la section Biologie animale.

En 1988, il se voit conférer le titre de « Juste parmi les nations » par le mémorial Yad Vashem pour avoir soustrait des juifs au péril de sa vie à la barbarie nazie.

René de Naurois est décédé en 2006 à Brunoy dans l'Essonne et est inhumé dans le Calvados.

PHILIPPE RAOUX

Le frère d'armes de Léon Bloy

Connu aujourd'hui des seuls passionnés de l'écrivain Léon Bloy pour avoir été l'un de ses amis les plus fidèles, et avoir entretenu avec lui une bouleversante correspondance, Philippe Raoux fait partie des innombrables héros de la Première Guerre mondiale.

Né en 1876, il entre vingt ans plus tard à l'École polytechnique, puis à l'École des mines, où son professeur de géologie, Pierre Termier, l'initie aux écrits de Léon Bloy. Sa première rencontre avec l'écrivain au caractère éruptif a lieu en 1907, ouvrant une période de neuf années au cours desquelles aucune brouille, aucun malentendu ne vient troubler l'entente entre les deux hommes.

La guerre elle-même, à laquelle Philippe Raoux prend part dès le 3 août, intensifie l'amitié qui lie le vieil écrivain au jeune ingénieur, l'un et l'autre habités par un désir de sainteté qui confine à l'héroïsme. C'est en février 1916, à 4 kilomètres au nord de Douaumont, et au plus fort de l'attaque allemande, que la mort héroïque de Philippe Raoux, racontée par son aumônier, met fin au dialogue singulier entre ces deux hommes : « Je suis descendu à la position de la 24e batterie le mardi 22 vers midi. Au milieu d'un bombardement inimaginable, le capitaine se promenait le chapelet à la main, de pièce en pièce, encourageant les hommes par sa gaieté si franche et si chrétienne. [...] Le lendemain, vers 7 heures, nous eûmes notre dernier entretien. Le capitaine me parut très grave [...], il me pria de dire au commandant du groupe l'affection qu'il lui avait vouée et la fierté que lui procurait sa batterie. [...] Quand il sortit du petit abri où nous avions causé, il reprit toute sa gaieté, tout son entrain. Il avait une volonté à l'égal de son cœur. Lorsque, vers midi, nos caissons furent vides, l'ennemi approchait. Le capitaine nous donna l'ordre de quitter la position. Personne ne bougea. Alors, solennellement, les larmes aux yeux, il nous enjoignit de partir : "Par ordre du capitaine commandant la 24e batterie, partez, direction Louvemont." Le défilé commença : il fit partir tout le monde : c'est alors que je dus le quitter. Il conserva avec lui un sous-officier, puis au dernier moment abandonna son poste de combat. À 200 mètres de la batterie, le bon Dieu, jugeant que les hommes n'étaient pas dignes d'un pareil saint, nous l'enleva par un obus [...][15]. »

Une enquête ultérieure révéla que Philippe Raoult avait pris le risque et le temps de communiquer à un officier d'infanterie, dans un petit bois voisin, des renseignements qui lui permettraient de sauver sa compagnie. C'est en traversant un espace découvert violemment bombardé qu'il est mort à la fois en héros et en serviteur de ses hommes – c'est-à-dire en authentique « frère d'armes ».

15. Léon Bloy, *Lettres à Philippe Raoux*, Desclée de Brouwer et Cie, 1936.

PAUL DIDIER

Le magistrat qui a dit non

Le 2 septembre 1941, tous les magistrats du tribunal de la Seine en grande tenue ont répondu à la nouvelle obligation du gouvernement de Vichy, en prêtant le serment de fidélité à la personne du chef de l'État, le maréchal Pétain. Tous, sauf un : Paul Didier.

Ce serment, c'est la goutte d'eau qui fait déborder le vase d'indignation du juge Didier.

L'année précédente, en septembre 1940, alors qu'il était sous-directeur du Sceau chargé des naturalisations à la Chancellerie, il avait critiqué vertement les mesures xénophobes que le gouvernement s'apprêtait à prendre. Une attitude qui lui avait valu sa mutation immédiate dans un poste de simple juge au tribunal de la Seine. En août 1941, il avait récidivé contre la création des « sections spéciales », destinées à juger directement, sans instruction préalable, toute personne suspecte. Ces pseudo-juridictions, machines à condamner, visaient particulièrement les communistes et les résistants. Autant de mesures totalement en contradiction avec l'idée que ce juriste de formation et républicain de conviction se fait de la justice.

Si Paul Didier est le seul des 2 300 magistrats français alors en exercice à refuser de faire allégeance à Vichy, au nom de la séparation des pouvoirs, quelques dizaines d'autres ont affiché une obéissance de façade afin de mieux cacher leur engagement résistant. Comme René Parodi, substitut au tribunal de la Seine, engagé très tôt dans la Résistance, torturé à mort dans sa cellule de la prison de Fresnes le 6 février 1942, sans avoir parlé.

Né à Carcassonne (Aude) le 15 novembre 1889, Paul Didier a de qui tenir, avec un grand-père député radical-socialiste et un père docteur ès sciences révoqué par la commission d'examen au concours d'entrée à l'École spéciale militaire de Saint-Cyr en 1892 pour motif politique. Après ses études de droit, il devient avocat au barreau de Paris avant d'être mobilisé dans l'infanterie en 1914. Après la guerre, il entre dans la magistrature comme juge suppléant à Béziers, avant d'être nommé à la Chancellerie.

Pour son refus du serment, Paul Didier est suspendu par le garde des Sceaux Joseph, révoqué et arrêté. En quatre jours, le juge passe des ors de la justice aux barbelés du camp d'internement de Châteaubriant. Libéré en février 1942, il est assigné à résidence dans sa maison familiale de Moux (Aude) et mis à la retraite le 11 août 1942.

L'ex-juge profite de son temps désormais libre pour participer à plusieurs actions de la Résistance dans les Corbières.

À la Libération, Paul Didier retrouve les fonctions dont il a été injustement écarté, occupant successivement les postes de président de chambre à la cour d'appel de Paris, puis d'une des sections de la cour de justice du département de la Seine et enfin de la chambre des mises en accusation de la cour d'appel de Paris. Il prend sa retraite en 1958 au terme d'une carrière saluée par la Légion d'honneur et la médaille de la Résistance française.

Ce qu'ignorent nombre de ses contemporains, c'est que Paul Didier a récolté d'autres trophées au guidon de son vélo. Menant en parallèle une carrière de cycliste professionnel sur piste entre 1909 et 1966, le juge a remporté de belles courses, comme le prix Fournier, le 13 février 1910, au Vélodrome d'hiver.

Paul Didier décède le 22 mai 1961 à Paris. La promotion 1997 de l'École nationale de la magistrature a choisi de se baptiser « Promotion Paul Didier ».

PAUL RUSESABAGINA

Le témoin gênant des massacres au Rwanda

Né dans une famille de fermiers en 1954 d'un père hutu et d'une mère tutsie, dans un Rwanda encore colonie belge, le petit Paul reçoit l'enseignement d'une école missionnaire avant de suivre des études de théologie au Cameroun. Entre-temps, la révolution menée par les Hutus, qui passe par une grande violence à l'égard de la minorité tutsie à l'occasion de la Toussaint rouge de 1959, a conduit le pays à l'indépendance, et le coup d'État de 1973 a porté le Hutu Juvénal Habyarimana au pouvoir. Paul rentre alors au pays et travaille dans un hôtel dans le parc national de l'Akagera avant d'être promu directeur adjoint de l'hôtel des Mille Collines à Kigali en 1984 et, finalement, directeur de l'hôtel des Diplomates en 1993. À cette époque, il épouse une Tutsie. En avril 1994 intervient l'assassinat du président Habyarimana, sur fond de pression très forte des nombreux Tutsis exilés après 1959 et de montée en puissance de l'armée tutsie du Front patriotique rwandais (FPR) conduit par Paul Kagame. Celui-ci, formé par l'armée ougandaise, est bien décidé à reprendre un pouvoir qu'il considère comme ayant été confisqué à la faveur de la décolonisation.

Alors que la situation dégénère, que l'ONU évacue la zone et que commence le génocide, Rusesabagina se réfugie avec sa famille à l'hôtel des Mille Collines. L'établissement abrite plus de mille deux cents réfugiés tutsis ou hutus opposés au massacre. Paul déploie des trésors de rhétorique et d'imagination pour calmer les leaders hutus qui menacent d'envahir le site. C'est le cas du général Augustin Bizimungu qui sera condamné à trente ans de prison pour génocide et crimes contre l'humanité par le Tribunal pénal international en 2011.

Paul parvient, notamment grâce à une ligne téléphonique encore active, à entrer en contact avec l'extérieur. Lorsque les réfugiés comprennent que l'assaut ne va plus tarder, il tente également de joindre la Maison-Blanche, l'ONU et le ministère français des Affaires étrangères. Ces appels au secours aboutissent et les réfugiés sont finalement évacués par l'ONU.

Après le sauvetage, l'hôtelier et sa famille s'installent en Belgique où ils sont naturalisés. Paul décide alors de témoigner des atrocités qui l'ont durablement marqué. En 2004, il fait l'objet d'un film, intitulé *Hôtel Rwanda*, dans lequel le réalisateur Terry George entend rendre hommage aux efforts déployés par Paul.

Son histoire ne s'arrête cependant pas là. Désireux de poursuivre son combat pour la démocratie, il profite de sa médiatisation pour déclarer son opposition au régime de Paul Kagame arrivé au pouvoir à l'issue du génocide de 1994, en fondant en 2017 le parti politique d'opposition Mouvement rwandais pour le changement démocratique (MECD).

Il est dès lors espionné par le gouvernement rwandais qui le soupçonne par ailleurs de financer une branche armée considérée comme terroriste par Kigali et de soutenir le principal opposant à Paul Kagame, ancien compagnon de route du FPR. Alors que Paul Rusesabagina a dénoncé une fois Paul Kagame, son vol à destination du Burundi est détourné en 2020 vers Kigali où il est arrêté, accusé de terrorisme et condamné à vingt-cinq ans de prison au terme d'un procès douteux.

Après l'intervention de plusieurs institutions, et notamment de l'Union européenne, de la Belgique et des États-Unis, il a finalement été libéré en mars 2023.

MOISSAC

La ville oubliée des justes

Entre 1939 et 1943, environ cinq cents jeunes juifs sont passés par la Maison des enfants à Moissac, petite ville du Tarn-et-Garonne qui tire son joli nom de Moïse, l'enfant d'Israël sauvé des eaux. Là-bas, ils ont été à leur tour sauvés par une population bienveillante et ont vécu paisiblement, pendant des semaines, voire des années, sans avoir à se cacher.

Lorsque le chef du mouvement scout des Éclaireurs israélites de France, Robert Gamzon, dit « Castor », décide en 1939 d'ouvrir un refuge destiné à recueillir les enfants qui ont été, à cause de la violence qui déferle sur les juifs depuis quelques années à l'est, séparés de leurs parents, il n'a pas encore idée du danger qu'un tel projet représentera bientôt.

Il confie la direction de l'institution à Shatta et Bouli Simon, un couple d'éclaireurs bientôt persuadés que la perpétuation des rites et traditions juifs est une forme de résistance féconde et capable de conjurer l'histoire. Pour autant, une entreprise de cette ampleur n'aurait pas été possible sans la complicité progressive, passive puis active, de la ville tout entière, et il apparaît vite que sans le silence, voire la coopération des habitants de la ville, la Maison des enfants se trouve en permanence menacée.

De fait, la vie quotidienne des enfants s'entremêle rapidement avec celle des gens du cru. Les plus jeunes fréquentent l'école communale, les plus âgés sont apprentis chez le serrurier Chauderon, l'ébéniste Dreuil, le marchand de légumes

Roger, ou encore suivent des cours de dactylo à l'école Genyer, tenue par des religieuses de la congrégation des Sœurs de la Miséricorde.

Les petits malades reçoivent également à l'occasion les bons soins des docteurs Roger Delthil et Louis Moles, par ailleurs maires de la ville et capables de contourner l'administration avec l'aide du secrétaire de mairie Manuel Darrac et de son assistante, Alice Pelous, qui fournissent les tampons officiels nécessaires à la réalisation de faux papiers. « Je crois qu'on a du mal à imaginer : c'était quelque chose, oui, de miraculeux, ces chants, ces fêtes célébrées au vu et au su des habitants qui ne trouvaient rien à y redire », insiste Jean-Claude Simon, fils de Shatta et Bouli et ancien de la Maison des enfants.

En 1943, alors que l'étau se resserre, la Maison est cependant dissoute et les locataires sont dispersés. Shatta et Bouli les réunissent une dernière fois et leur donnent rendez-vous ici pour le premier shabbat d'après la libération. « Et nous y étions, confirme Jean-Claude Simon. Nous y étions tous. »

Avec son épouse, ils animent l'association Moissac, ville de Justes oubliée, et organisent des colloques pour donner une visibilité à cette histoire de sauvetage coopératif longtemps occultée.

En effet, même si dix habitants ont été distingués à titre individuel, contrairement à d'autres municipalités ayant contribué à soustraire des enfants juifs aux autorités, Moissac n'a pas été récompensée par le mémorial Yad Vashem de la fameuse médaille collective des Justes parmi les nations.

Toutefois un parcours mémoriel intitulé « La Résistance juive et les Justes de Moissac : sauver les enfants de la Shoah » a été inauguré en octobre 2022. Il comprend onze panneaux positionnés en divers points de la ville, évocateurs de l'histoire des enfants juifs, des Justes et des résistants de Moissac.

Pourtant, sur les centaines de jeunes qui avaient trouvé refuge au 18, quai du Port, et dans ses annexes, aucun n'avait été dénoncé ni déporté. Tous ont survécu : soixante-dix ans plus tard, les enfants de Moissac forment une amicale solide, qui se retrouve régulièrement. Certains anciens sont devenus célèbres, comme le dramaturge Jean-Claude Grumberg, ou le mime Marceau.

Tous honorent la mémoire de ceux qui, en continuant à vivre normalement, ont défié la barbarie nazie et accompli un miracle. Une ville tout entière.

HANS THILO SCHMIDT HE

Le craqueur de codes

L'archétype du héros anonyme, c'est l'espion, ou l'agent double, dont l'incognito garantit à la fois le succès et la survie.

Né à Berlin en 1888, cet employé au bureau du Chiffre du ministère de la Défense du Reich a un point faible qui va faire de lui une cible particulièrement intéressante pour les services de renseignement français ; noctambule, amateur de femmes et manquant pour cela régulièrement d'argent, il s'offre de travailler pour eux en 1931 en leur donnant accès à un projet particulièrement sensible : la documentation Enigma.

Sous le nom de code HE, ou en toutes lettres *Asche*, soit « cendres » en allemand, il travaille avec plusieurs officiers du service de renseignement français, faisant preuve d'une audace qui le rend exceptionnellement efficace.

Au cours des six années qui suivent son retournement, il fournit aux agents français, au cours de rencontres clandestines dans plusieurs villes d'Europe, des copies de manuels d'instruction, des procédures et des clés de codage. Cette somme de procédés va permettre aux services de déchiffrement alliés de « craquer » les codes allemands tout au long du conflit.

Dans le même temps, il profite de la confiance de son frère, officier prometteur au sein de la Wehrmacht, pour avoir accès à des données militaires extrêmement confidentielles. C'est ainsi qu'il prévient les agents français du réarmement clandestin de l'Allemagne, des visées d'Hitler sur le corridor de

Dantzig, de l'ouverture des premiers camps de concentration, et de la réoccupation imminente de la rive gauche du Rhin.

Passé en 1937 du bureau du Chiffre au ministère de l'Air, il continue à approvisionner les services français en renseignements décisifs sur le plan stratégique, du compte rendu de réunion où Hitler dévoile le calendrier de son offensive en Europe à l'Anschluss, en passant par l'invasion des Sudètes, celle de la Tchécoslovaquie, ainsi que le choix des Ardennes pour attaquer la France.

Peu d'espions peuvent se targuer d'avoir livré autant de renseignements susceptibles de changer le cours de l'histoire. Mais la surdité et la suffisance des élites militaires françaises travaillent déjà à l'étrange défaite dont Marc Bloch[16] décrira parfaitement les mécanismes, et c'est presque en vain que HE aura pris tant de risques.

Arrêté par l'Abwehr en 1943, l'espion le plus fécond et le moins écouté du siècle est torturé à mort, à moins qu'il ne soit parvenu à faire usage du poison que sa fille a réussi à lui faire passer en prison.

Son héroïsme et sa contribution décisive à la guerre du chiffre font apparaître, en négatif, la médiocrité de ceux qui, parmi les hautes autorités françaises, n'ont même pas été capables de prendre le risque de l'écouter.

16. *L'Étrange Défaite : témoignage écrit en 1940*, Société des Éditions « Franc-Tireur », 1946.

RENÉ SENTENAC

L'abnégation du para

René Sentenac est né en 1930 à Toulouse. Il est âgé de 18 ans lorsqu'il s'engage dans l'infanterie de marine. Quelques mois plus tard, il obtient son brevet de parachutiste, est promu caporal et affecté en Indochine où, devenu sergent au 6e bataillon du commandant Marcel Bigeard, il s'illustre à la bataille de Diên Biên Phu.

Le 7 mai 1954, dans la foulée de la défaite de l'armée française et de la chute du camp retranché, il est capturé par les forces de l'armée populaire vietnamienne. Quelques jours plus tard, il réussit à s'évader en compagnie de trois de ses compagnons d'armes avec lesquels il affronte les difficultés de la brousse.

Leur périple est en effet une course contre la mort de tous les instants, et ils doivent faire face à certaines rencontres, comme celle qui unit leur chemin pendant quelques jours à deux autres évadés qui finissent par choisir de rester dans un village thaï, ou celle qui place sur leur chemin d'autres paras survivants qui avaient été recueillis par des Méos.

La maladie les guette également et deux de ses amis doivent renoncer à les suivre : l'un à cause d'une blessure bénigne mais infectée, qui sera soignée seulement après que les secours alertés par René l'auront récupéré, l'autre en raison d'une crise de paludisme pernicieux qui l'emporte. Épuisés, au terme de cette équipée de 200 kilomètres, René Sentenac et Maurice Rilhac atteignent, grâce à l'aide d'autochtones, un groupement de commandos mixtes aéroportés le 12 juin. Ils sont enfin rapatriés en France.

Mais quelques années plus tard, René reprend du service. Uni par un respect indéfectible à Bigeard devenu entre-temps colonel, il part pour l'Algérie en 1957 dans les rangs du 3e régiment de parachutistes coloniaux. C'est là qu'un sniper ennemi embusqué à 400 mètres le touche, alors que la bataille du Timimoune bat son plein. Le récit de ses derniers instants nous est connu par le général Bigeard qui, dans les années qui suivent, conserve toujours une photographie de René à l'agonie, la tête posée sur un sac, les yeux fermés : « Il dut encore fournir un dernier effort pour mourir. Il savait bien qu'il avait gagné, et c'est pour cela que son visage apaisé nous parut si beau. Ce qu'il cherchait de l'autre côté de la crête, ce n'était pas une poignée de Bédouins et leurs fusils, mais cette chose impossible qui le hantait depuis si longtemps, et qui ne se trouve que dans le sacrifice et la mort. Seule elle permet de se confondre avec ce qu'il y a de plus grand, de plus inaccessible. C'était sa manière, à lui Sentenac, de comprendre Dieu. »

Nous devons au photographe Marc Flament ce cliché qui a contribué à faire de René Sentenac, fauché en pleine jeunesse, à 28 ans, le symbole de l'héroïsme et de l'abnégation des parachutistes. Il illustre par ailleurs l'affiche du film documentaire français *Les Yeux brûlés* réalisé en 1986 par Laurent Roth et sorti en salle en 2015 au titre de son intérêt patrimonial.

Inhumé à Toulouse où une rue porte son nom, René Sentenac est titulaire de la Légion d'honneur et de la médaille militaire.

KURT GERSTEIN

L'*insider* antinazi

Kurt Gerstein est né en 1905, en Allemagne, et a grandi dans une atmosphère d'amertume revancharde, au sein d'une famille traumatisée par la défaite de 1918 et par les conditions imposées à l'Allemagne par ses vainqueurs. Observant à la lettre les conseils d'un père obsédé par la pureté de la race, il s'engage ainsi dans une association ultranationaliste. Pourtant, le jeune Kurt n'est pas pleinement épanoui dans cette structure qui ne répond pas à ses aspirations religieuses.

Grand lecteur de la Bible, il rejoint également les rangs de formations chrétiennes qui, déjà, condamnent plus ou moins l'idéologie nazie. Pressé par son entourage familial, il devient membre du parti de Hitler en 1933, ce qui ne le dissuade pas de prendre des risques pour critiquer son autoritarisme grâce à la distribution de pamphlets... Après plusieurs arrestations et mises en garde, il est finalement radié du NSDAP en 1936. Son père intercède cependant et en 1939, après avoir fait amende honorable, Kurt dispose à nouveau de sa carte, alors que, installé à Tübingen avec sa femme, il accueille son premier enfant. Le déclenchement de la guerre et la mise en œuvre d'un racisme et d'un eugénisme d'État achèvent de convaincre Kurt de l'incompatibilité du projet nazi et du christianisme.

La disparition de sa belle-sœur dans le cadre du programme secret « Aktion T4 » qui vise l'éradication des patients atteints de troubles mentaux est l'élément déclencheur. Désormais, il déguisera ses intentions sous le masque du patriotisme et cherchera à saper le système de l'intérieur, en dépit des soupçons qui pèsent depuis des années déjà sur lui : « Ce n'est pas de l'extérieur qu'on les empêchera, mais l'aide pourra uniquement venir de quelqu'un qui fera disparaître les ordres ou les transmettra tronqués », se justifie-t-il dans une missive. Il rejoint alors les Waffen SS au printemps 1941 et se voit confier l'efficacité des chambres à gaz et l'acheminement du Zyklon B. Il est donc aux premières loges pour assister à la réalisation de la « solution finale » et se débat douloureusement dans les affres de sa double vie, comme en témoignent les lettres qu'il adresse à sa femme et qui tranchent résolument avec celles qu'il destine à ses parents, totalement dupes.

Les massacres de Belzec et de Treblinka, dont il est le témoin – et aussi le complice –, le décident à passer la vitesse supérieure : il alerte le baron von Otter, un diplomate suédois, dans un train qui le conduit à Berlin en août 1942 ; le père Cesare Orsenigo, nonce apostolique à Berlin ; ainsi que ses nombreuses connaissances dans les cercles religieux et résistants. Son unique obsession devient de parvenir à alerter les Allemands comme les Alliés sur le drame sans précédent qui se déroule. Il enjoint par exemple Londres et Washington de bombarder les villes du Reich de tracts racontant ce qu'il a vu dans les moindres détails… Mais ses appels restent sans réponse et Kurt est traité comme un esprit légèrement dérangé et paranoïaque qui devient gênant.

De fait, rongé par la culpabilité, accablé par son sentiment d'impuissance, il semble de plus en plus désespéré. Alors que s'effondre le Reich, il se livre aux autorités alliées et continue son invraisemblable litanie. Mais après avoir été longtemps soupçonné par les services secrets allemands, il est naturellement tout aussi suspect pour les autorités françaises.

Après plusieurs interrogatoires, il est enfermé à la prison du Cherche-Midi, à Paris, et brisé, change de stratégie pour se plonger dans un profond mutisme dont il ne sort qu'en mettant fin à ses jours dans sa cellule. Épuisé, il n'a plus la force de témoigner par lui-même et compte sur ce qui parlera désormais en son nom, c'est-à-dire ses notes, connues sous le nom de « rapport Gerstein ».

D'abord condamné par les tribunaux alliés, Kurt Gerstein est réhabilité en 1965 grâce à la ténacité de sa veuve, à qui on avait pourtant en Allemagne refusé la pension militaire. Il incarne cette figure du héros ambivalent, mû par un désir de vérité auquel se heurte le principe de déni du prophète hurlant seul dans le désert.

SURUS

L'éléphant d'Hannibal

Alexandre le Grand les avait déjà combattus en Inde au IVe siècle avant J.-C., mais c'est leur présence décisive sur le champ de bataille lors de la seconde guerre punique qui les fait entrer dans les annales. On a beaucoup parlé de cette guerre qui opposa à nouveau Romains et Carthaginois (les Puniques étaient les Phéniciens implantés en Occident) humiliés à la suite du premier affrontement qui avait vu le triomphe de la jeune République conquérante et le déclin de la thalassocratie punique, contrainte de laisser à ses adversaires le contrôle de la Sicile, de la Sardaigne et de la Corse. On sait comment Hannibal engagea notamment un contingent d'éléphants aux côtés de ses troupes, parties pour un périple passant par les Pyrénées et les Alpes jusqu'à l'affrontement à la Trébie en 218 avant J.-C. avec des Romains désemparés. On ignore cependant encore largement dans quelles conditions ils furent mobilisés.

À l'époque, les pachydermes étaient, dans certaines contrées, largement utilisés pour le travail civil, dans le cadre des travaux agricoles et la construction de bâtiments, mais ignorés des Romains. Leur utilisation inédite comme armes d'assaut permet d'affoler les intrépides soldats romains et à Hannibal de prendre l'avantage. Un point demeure cependant débattu par les spécialistes : nos héros étaient-ils des spécimens asiatiques, très appréciés en Syrie, ou s'agissait-il de la variété de la savane, plus imposante encore, dont nous pensons désormais qu'elle avait peut-être déjà été domestiquée par les Égyptiens ? Si l'on en croit les écrits de Polybe, Pline ou Diodore, les éléphants des Séleucides effrayaient pourtant ceux des Ptolémées par leur taille, mais les dernières recherches effectuées sur l'ADN mitochondrial des éléphants éthiopiens et érythréens semblent montrer que les maîtres du bassin du Nil avaient recours au grand pachyderme de la savane.

L'examen de monnaies carthaginoises semble confirmer cette hypothèse, mais l'un de nos « tanks animaux » au moins aurait été un asiatique, un digne descendant des éléphants ramenés de ses expéditions orientales par Alexandre. « Surus » (le Syrien) aurait même été la bête favorite d'Hannibal et l'un des derniers survivants des trois escadrons de douze pachydermes à l'issue de la traversée meurtrière des Alpes.

L'itinéraire emprunté par ces nobles animaux dans des conditions extrêmes est également toujours l'objet de débats virulents : le col du Clapier est le chemin le plus souvent évoqué, notamment par les spécialistes décidés à s'appuyer principalement sur les textes, les chances de retrouver des traces matérielles de ce passage si longtemps après, alors même que la rigueur des conditions devait inciter les vivants à ne rien laisser des morts, humains ou non, étant pour eux infimes.

C'est pourtant le pari qu'un chercheur a fait en s'attachant à la recherche de déjections. En passant par le col de la Traversette, il dit avoir remarqué une zone particulière, qu'il a étudiée en profondeur avec son équipe et qui peut selon lui correspondre à l'état du sol après le passage d'une armée de soldats, de chevaux et d'éléphants.

Les analyses des échantillons récoltés ont mis en évidence l'existence de microbes et de pollens qui leur ont permis de confirmer leur hypothèse, malgré le scepticisme des tenants du col du Clapier. En dépit du nombre impressionnant d'articles et ouvrages publiés sur la question, le mystère reste donc entier sur l'identité véritable des valeureux combattants.

SAMUEL SKORNICKI

Le vrai-faux diplomate

Pendant l'exode de 1940, les Français cherchent à survivre loin de Paris. Parmi eux, Samuel Skornicki, sa femme Raizel-Rosalie Sliwinsky et leur fille Arlette.

Fort d'un diplôme en droit civil et d'un important réseau socialiste qu'il obtient grâce à sa participation comme légionnaire volontaire républicain à la guerre d'Espagne, il s'installe à Toulouse sous le régime de Vichy.

Samuel Skornicki aurait pu fuir muni d'un passeport aux États-Unis comme le reste de sa famille mais choisit de vivre « en France, le pays de la liberté et des droits de l'homme » (selon sa fille Arlette) et décide de se battre de tout son cœur pour sa patrie.

Alors que sa famille s'installe à Lavaur, une commune proche de Toulouse, Samuel établit une usine de textile en plein centre de Toulouse afin de pouvoir venir au mieux en aide à la Résistance. Depuis son usine, Samuel distribue des tracts, produit de faux papiers d'identité et organise la fuite des juifs vers l'Espagne.

Les Américains entrent dans le conflit en décembre 1941 et Samuel, plein d'espoir, rejoint l'Algérie pour participer aux combats, mais il n'y trouve pas une grande mobilisation de la population civile. Or, il ne veut pas s'engager dans les troupes de la France libre, ce qui l'éloignerait de sa famille, toujours près de Toulouse, et revient donc six semaines plus tard. Certains pensent que ces semaines passées en Algérie lui permettent en réalité de suivre une formation de la Résistance afin de jouer un rôle plus actif à son retour.

Samuel, grâce à l'aide de ses amis républicains espagnols, parvient à libérer des détenus du camp Miranda. Après cet exploit, il gagne le respect des socialistes espagnols et parvient alors à entrer en contact avec le consul d'Espagne en poste à Saint-Étienne, même s'il est alors poursuivi par la Gestapo et la police de Vichy.

Les deux hommes, bien qu'opposés sur certains points politiques, reconnaissent réciproquement leur valeur et l'avocat gagne une liberté toujours grandissante jusqu'à être nommé « Espagnol de naissance », devenant Montero-Sanchez, puis consul remplaçant après le départ de son prédécesseur en 1942.

Les régimes vichyste et nazi sont obligés de respecter ce statut en vertu de l'article 15 de la Convention consulaire franco-espagnole qui stipule qu'« en cas d'empêchement, d'absence ou de décès des consuls généraux, consuls et vice-consuls, les élèves consuls, les chanceliers et les secrétaires qui auraient été présentés antérieurement en leurs qualités aux autorités respectives, seront admis de plein droit, dans leur ordre hiérarchique, à exercer par intérim les fonctions consulaires, sans que les autorités locales ne puissent y mettre aucun obstacle ; au contraire, celles-ci devront leur prêter assurance et protection, et leur assurer, pendant la gestion intérimaire, la jouissance des exemptions, prérogatives, immunités et privilèges reconnus par la présente Convention aux agents consulaires respectifs ».

Le consulat devient alors un quartier général de la Résistance, Samuel peut poursuivre les activités qu'il opérait dans son usine mais à plus grande échelle. Parrain du groupe Combat, jouissant des droits privilèges d'exterritorialité, Samuel Skornicki cache des armes, produits des faux papiers, organise la fuite de membres compromis, leur offre un asile et organise les réunions stratégiques.

Lorsque des Espagnols de sa région sont réquisitionnés pour des travaux forcés, « le vrai-faux consul d'Espagne Skornicki-Montero-Sanchez » mobilise les ressources du consulat et répand par voie aérienne 6 000 tracts leur assurant leur statut de citoyens espagnols, alors à l'abri de ces obligations.

En mars 1944, la Résistance frappe un train allemand sur le réseau ferroviaire de Saint-Étienne. La Gestapo intervient et fouille chaque maison. Samuel accueille tous ceux qui sont à la recherche d'un refuge et chasse les soldats allemands à sa porte, exigeant qu'ils s'excusent pour avoir pénétré sans autorisation sur le sol espagnol.

Le soir même, le Major Kommander de la ville se déplace pour lui remettre une lettre officielle accompagnée en gage d'excuses d'une mitraillette chargée afin qu'il se protège des « terroristes » résistants.

Après la libération de Paris, la famille Skornicki revient dans sa ville et, en 1945, Samuel Skornicki obtient la médaille du Mérite pour son implication dans la Résistance.

GLYNDWR MICHAEL

Le mort qui a berné Hitler

Il y a, dans les périodes de guerre, des héros immédiatement légendaires dont la mémoire est convoquée par les autorités pour mobiliser les troupes et fédérer la population. Il suffisait, au siècle dernier, d'un nom, d'une photographie, et d'un fait d'armes pour faire de ces soldats parmi d'autres des figures à la fois accessibles et mythiques, familières et extraordinaires, communes et exemplaires, et capables pour cela de faire se lever d'innombrables héros.

Mais il arrive aussi que dans le grand poker menteur des conflits armés, le héros ne soit pas celui qu'on croit. Quand la désinformation devient une arme de guerre, le héros qui semble parfaitement réel s'avère parfois légendaire. Et c'est plus tard, dans la dissipation de la légende, qu'apparaît un homme de chair et de sang, dont l'héroïsme aura été de contribuer, sans le savoir, à une victoire qui, certes, le dépasse infiniment mais s'est appuyée sur lui.

Telle est l'histoire de Glyndwr Michael, sans-abri gallois né le 4 janvier 1909 et mort le 24 janvier 1943, dont le cadavre a été utilisé dans le cadre de l'opération Mincemeat lors de l'invention d'un vrai-faux héros : le major William Martin.

Quand elle survient, sa mort misérable semble mettre un terme définitif à une vie sans lendemain : retrouvé agonisant dans un entrepôt, il meurt peu après au Saint Pancras Hospital, sans que l'on parvienne à savoir s'il a ingéré de la mort-aux-rats pour mettre fin à ses jours ou s'il a mangé, poussé par la misère, des croûtes de pain empoisonné à dessein pour lutter contre les rongeurs.

C'est là qu'Ewen Montagu, officier du renseignement naval britannique, décide d'utiliser son cadavre pour détourner l'attention des forces allemandes de l'invasion alliée de la Sicile.

Le corps sans vie du SDF reçoit la vie sans corps d'un officier né dans l'imagination des services anglais afin que les puissances de l'Axe découvrent sur lui les documents hautement confidentiels qui doivent les convaincre que les Alliés s'apprêtent à attaquer non pas la Sicile, mais les Balkans et la Sardaigne.

Rien n'est négligé dans l'invention de ce soldat de légende : ni sa vie personnelle, avec pour preuve des lettres d'amour et des places de théâtre pour une représentation qui a vraiment eu lieu ; ni sa carrière militaire ; ni le courant marin qui doit emmener son corps sur la plage espagnole où la découverte des documents « top secret » dont il est censé être porteur doit tromper le haut commandement allemand.

Le 19 avril 1943, le cadavre de Glyndwr Michael est embarqué sur le *Seraph* qui navigue jusqu'à un mille au large de Huelva sur la côte espagnole. Le 30 avril, la boîte métallique transportée à l'insu de l'équipage qui croit participer à une expérience météorologique est placée sur le pont, et le major Martin reçoit, avec son gilet de sauvetage, la serviette et les documents confidentiels qui doivent être retrouvés et analysés par ceux qui le découvriront, puis il est mis à la mer.

Il est découvert à 7 h 30 du matin par un pêcheur, et l'information remonte très rapidement vers les analystes de l'armée allemande, qui confirment la véracité des informations contenues dans les différentes lettres dont notre messager, combinaison de réel et d'imaginaire, était le porteur.

Tout se passe comme l'a anticipé Montagu : quand les Anglais récupèrent la dépouille de leur major, ainsi que sa serviette, ils constatent que les documents ont été lus et analysés avant d'être rescellés à l'identique comme si de rien n'était ; mais l'essentiel désormais est ailleurs : dans l'esprit des Allemands. Ceux-ci transfèrent de la Sicile à la Sardaigne un certain nombre de forces, rendant possible l'opération Husky qui a lieu le 9 juillet avec le débarquement allié dans le sud de la Sicile.

C'est ainsi qu'un misérable sans-abri, enterré au cimetière de Huelva sous une fausse identité, a joué un rôle décisif dans les opérations des Alliés en Méditerranée. On peut en effet lire sur la pierre tombale : « *William Martin, born 29 March 1907, died 24 April 1943, beloved son of John Glyndwyr Martin and the late Antonia Martin of Cardiff, Wales,* Dulce et Decorum est pro Patria Mori, *RIP.* »

En 1998 seulement, le gouvernement britannique fait ajouter une référence à celui sans lequel rien de tout cela n'aurait été possible : « *Glyndwr Michael; Served as Major William Martin, RM* ».

La légende se réconcilie alors avec la réalité – et cette réconciliation est mystérieusement constitutive de l'authentique héroïsme.

JULES SALIÈGE

L'archevêque courageux

Sous le régime de Vichy, « à l'ombre de la croix », Jules-Géraud Saliège rugit son Christ et protège ses frères humains.

Archevêque de Toulouse depuis 1928, alors que sa ville devient un grand centre de réfugiés lors de l'exode de 1940, Jules Saliège s'engage pour sa communauté en entretenant activement les camps de Noé et de Récébédou, distribuant des vivres et améliorant les infrastructures disponibles grâce aux fonds ecclésiastiques.

Sans équivoque dans sa condamnation du régime totalitaire nazi et de l'antisémitisme à travers ses articles hebdomadaires « Menus propos », qu'il publie dans *La Semaine catholique de Toulouse* depuis 1937, il est rapidement repéré par le général de Gaulle qui lui envoie pour émissaire Charles Lederman à la mi-août 1942.

Alors actif au sein de l'Union des juifs pour la résistance et l'entraide (UJRE), le jeune avocat et résistant le convainc de l'existence des camps et de l'extermination des juifs par le gouvernement allemand. Quelques jours plus tard, Jules Saliège impose la lecture d'une lettre pastorale « *Et clamor Jerusalem ascendit* » dans tous les édifices de son diocèse. Il y demande aux chrétiens la solidarité pour les juifs et la combativité pour la France.

L'archevêque est alors pris pour cible par le régime de Vichy ; Pierre Laval fait interdire la publication de sa lettre par arrêté préfectoral, mais elle reste diffusée par *La Semaine catholique*, le Vatican et la BBC.

Avec l'aide de son ami Bruno de Solages, Jules Saliège se lance de toute son âme dans la protection des milliers de juifs et autres réfugiés fuyant l'oppression. Il mobilise ses relations et parvient à les placer dans des lieux sûrs, à cacher des jeunes dans des couvents et des écoles catholiques, à fournir de faux certificats de baptême et de fausses pièces d'identité et à exploiter des filières d'évasion principalement vers l'Espagne, par des sentiers des Pyrénées.

Le 9 juin 1944, la Gestapo toque à sa porte pour l'arrêter, mais confrontée à son état de santé déplorable, elle rebrousse chemin en promettant de revenir, sans jamais tenir parole. Jules Saliège aurait même déploré voir « la palme du martyre » s'éloigner de lui, et ce malgré une souffrance quotidienne (une paralysie du bulbe rachidien et des troubles oraux sévères) liée à une infection au gaz, lorsqu'il était aumônier militaire en 1917.

Le 7 août 1945, le général de Gaulle le fait compagnon de la Libération et moins d'un an plus tard, le 18 février 1946, Jules Saliège devient cardinal. Le mémorial Yad Vashem le nommera également « Juste parmi les nations ».

Il meurt en novembre 1956, toujours à Toulouse.

WILLIAM STEPHENSON

L'intrépide

Sir William Samuel Stephenson naît le 23 janvier 1897 à Winnipeg, au Canada. Aviateur de renom, héros de guerre décoré durant la Première Guerre mondiale, de retour au Canada, il entreprend des études d'ingénieur à l'université de Manitoba, durant lesquelles il développe la phototélégraphie et un moyen de communication d'images par radioscopie sans passer par des organismes téléphoniques ou télégraphiques fonctionnant alors uniquement par réseaux gouvernementaux.

Fort de ses succès, il emménage à Londres en 1921 afin de faire fortune en vendant ses inventions à l'industrie des journaux britanniques, alors en plein essor. Là-bas il développe avec l'aide de George William Watson un moyen de « synchroniser le mouvement de deux corps en rotation », qui permet de transmettre des signaux grâce à un courant alternatif adossé à un tambour tournant. Cette invention, qui lui rapporte 100 000 livres sterling annuelles (pendant dix-huit ans), lui ouvre les portes de l'élite économique et politique londonienne.

Bien installé, William Stephenson renforce ses liens d'influence en s'impliquant dans la création de postes de radio, d'avions et de productions cinématographiques, mais aussi en menant à bien sa responsabilité de membre de la commission royale d'exploitation de ressources naturelles indiennes.

Renommé pour ses talents et sa créativité, son intelligence et sa connaissance du monde des affaires internationales, il est chargé en 1940 par Winston Churchill de développer une cellule de renseignement loin des conflits européens, en Amérique du Nord, pour supporter l'effort de guerre national de la Couronne britannique. William s'envole donc pour New York où il fonde le quartier général de la British Security Coordination (BSC).

De l'autre côté de l'Atlantique, il dirige des centaines d'agents d'influence, d'espionnage et de contre-espionnage aux nombreuses missions incluant interception de courrier transatlantique, censure, déchiffrage de codes, vérification de passeports, veille stratégique, écoute, protection contre des sabotages d'usines militaires américaines, propagation de fausses informations, falsification de documents, production de codes et transmission d'informations confidentielles notamment entre Churchill et Roosevelt eux-mêmes.

N'hésitant pas à travailler sur le terrain, William Stephenson est surnommé « *intrepid* » en référence à l'adresse télégraphique éponyme de son centre des opérations. Après l'intervention des Américains dans le conflit, William est chargé, outre son poste de directeur de la BSC, d'établir un camp d'entraînement destiné à former les agents secrets alliés.

Il crée le Camp X, dans le plus grand secret, aux alentours de Oshawa dans l'Ontario et forme ses recrues au sabotage, aux infiltrations en territoire ennemi, à l'espionnage et à la communication secrète. Il déploie de nombreux agents des différentes puissances alliées dans les territoires occupés par l'Axe.

D'une personnalité saisissante de bravoure, d'intelligence et d'héroïsme discret, William orchestre une symphonie d'opérations secrètes, de propagande et de collecte de renseignements qui ont laissé une marque indélébile sur la trajectoire de la Seconde Guerre mondiale.

Gardien silencieux de la liberté, inventeur de renom, précurseur du télécopieur moderne, façonnant discrètement le destin des nations depuis l'ombre, William Stephenson a fait peuve d'un engagement inébranlable en faveur du bien commun, dont témoignent ses contributions à l'effort de guerre.

À la fin de la guerre, William Stephenson est décoré de la médaille du Mérite américaine et fait chevalier par le roi George VI. Il se retire ensuite aux Antilles où il dirige la Caribbean Development Corporation et finit discrètement sa vie aux Bermudes le 31 janvier 1989 à 92 ans.

RAIMOND-ROGER TRENCAVEL

Le croisé albigeois

Raimond-Roger Trencavel fait partie des rares promoteurs d'une forme de tolérance religieuse à l'époque des croisades.

Né en 1185 et orphelin dès l'âge de 9 ans, le vicomte d'Albi, d'Ambialet et de Béziers, mais aussi de Carcassonne et de Razès, a été, à ses dépens, un des héros de la croisade albigeoise.

Résidant au château de Carcassonne, il se signale, quoique n'étant pas lui-même cathare, par une forme de libéralité face à ce que l'Église considère comme l'hérésie cathare. Sa tolérance, conforme à l'approche de plusieurs seigneurs du Languedoc, le conduit même à s'appuyer sur la communauté juive pour administrer son fief le plus important, Béziers.

C'est l'assassinat du légat du pape en 1208 qui rend suspecte puis coupable, aux yeux de l'Église, la permissivité des seigneurs du Languedoc qui voient prononcer contre eux des sentences d'excommunication. Un an plus tard, les croisés, rassemblés à Lyon, marchent vers l'Occitanie. Si Raymond de Toulouse a accepté de faire son acte de contrition, promis de lutter contre l'hérésie, fait protéger ses terres et se joint aux croisés, Raimond-Roger s'oppose à eux en armes et est assiégé à Carcassonne au cours de l'été 1209.

Après avoir échoué dans sa tentative de négociation de paix, il est contraint de se rendre le 15 août avant d'être aussitôt emprisonné. Trois mois après sa reddition, le 15 novembre, il est retrouvé mort dans son cachot, à l'âge de 24 ans.

Pour les chroniqueurs occitans, le coupable est Simon de Monfort, qui avait participé à la croisade et pris possession de ses terres. C'est ainsi qu'un des continuateurs anonymes de la *Chanson de la croisade albigeoise* écrit au sujet de son fils : « Ayez pitié de cet enfant, orphelin et en exil. C'est le fils du digne vicomte que les croisés et Simon de Monfort tuèrent, lorsqu'il leur fut livré[17]. »

Pour les historiens, l'hypothèse d'une dysenterie semble la plus vraisemblable. Qu'importe au fond qu'il ait été assassiné ou qu'il ait péri seul dans son cachot, l'héroïsme tient ici au prix payé pour avoir été libéral dans une époque qui ne l'était pas.

17. Martin Aurell, *Des chrétiens contre les croisades, XIIe-XIIIe siècles*, Fayard, 2013.

FRITZ BAUER

L'Allemand traqueur de nazis

Dans une Allemagne d'après-guerre qui hésite entre volonté d'oubli et rédemption du nazisme, l'action de Fritz Bauer s'inscrit sans conteste dans le cadre d'une lutte absolue contre l'amnésie politique et sociale qui s'esquisse, chacun semblant être la victime d'Hitler, personne n'assumant véritablement complicités ou lâchetés.

Fritz Bauer naît en 1903 à Stuttgart, dans une famille de commerçants allemands. Conscient de ses origines juives, Bauer n'est pas pour autant pratiquant. En 1920, alors qu'il n'a que 17 ans, il adhère au Parti social-démocrate. Diplômé à l'âge de 25 ans, il devient le plus jeune doctorant en droit d'Allemagne. Sûr de son appétence dans ce domaine, il se tourne immédiatement vers la magistrature en occupant le poste de juge-assesseur à la cour locale de la région de Stuttgart et est, à 26 ans, l'un des plus jeunes de sa profession.

Après la nomination d'Hitler au poste de chancelier le 30 janvier 1933, tant ses origines juives et sa qualité de membre du Parti social-démocrate que son statut de fonctionnaire font de Bauer une cible parfaite pour la Gestapo, qui procède à son arrestation en mai 1933. Pendant deux ans, il est interné en camp de concentration. Exclu de la fonction publique, il part en 1935 pour une longue période d'exil au Danemark puis en Suède et ne revient en Allemagne que quatorze ans plus tard, après l'instauration de la République fédérale. Pendant son exil, Bauer ne rompt pas avec ses idéaux et principes et crée le journal *Sozialistische Tribüne* (*Tribune socialiste*) avec l'aide de Willy Brandt, un autre membre du Parti social-démocrate, futur chancelier fédéral et détenteur du prix Nobel de la paix.

À son retour dans sa patrie, Bauer retourne sur les traces de sa carrière trop vite interrompue, en pratiquant dans des cours fédérales avant d'exercer en tant que procureur général de la République à la cour d'appel de Brunswick. Dans le cadre d'une Allemagne qui, en proie à la honte, amorce une difficile reconstruction, Fritz Bauer utilise sa profession, et plus largement le droit tantôt comme un instrument coercitif, sanctionnant les bourreaux, tantôt comme un outil de réparation, indemnisant les victimes.

En 1951, Bauer engage des poursuites contre Otto-Ernst Remer, ancien militaire de la Wehrmacht, pour diffamation envers la mémoire des participants de l'opération Walkyrie, tentative d'assassinat échouée visant Hitler. En 1956, il occupe le poste qui constituera l'apogée de sa carrière et fera de lui un héros, quoiqu'encore trop méconnu : il est en effet nommé procureur général du Land de Hesse à Francfort-sur-le-Main, théâtre des procès d'Auschwitz, dont il devient l'acteur principal.

Le 20 décembre 1963, c'est là que se tient la première cour fédérale allemande, prête à juger vingt-deux criminels nazis pour leurs exactions, à l'initiative de Fritz Bauer et au terme d'une instruction diligemment menée pendant cinq années sous sa direction. Ces procès, essentiels à la libération de l'Allemagne du fardeau de la guerre, constituent une œuvre cardinale de la dénazification du pays, à la faveur de laquelle 360 anciens déportés ont pu s'exprimer au nom des victimes de la Shoah, jusqu'au 19 août 1965.

Les procès d'Auschwitz demeurent aujourd'hui l'œuvre fondamentale de Bauer, qui a crevé l'abcès d'une Allemagne honteuse en évitant qu'elle ne tombe dans une politique nocive de l'oubli et en libérant les mémoires.

Fritz Bauer, dans sa lutte pour la dénazification de l'Allemagne, a également été l'acteur discret mais central de l'arrestation d'Adolf Eichmann, cerveau de la « solution finale ». C'est lui qui, prévenu par un rescapé des camps de concentration, de la présence d'Eichmann en Argentine, sous le nom de Klement, prévient le Mossad plutôt que les services allemands encore infestés d'anciens nazis. Grâce à lui, les services secrets israéliens procèdent à l'enlèvement d'Eichmann le 11 mai 1960. Bauer est, dans le prolongement de cette voie, l'instigateur de nombreuses procédures pour tenter de retrouver le docteur Mengele.

En 1961, confronté quotidiennement dans le cadre des procès d'après-guerre à la violation des droits les plus fondamentaux de la personne humaine, Fritz Bauer fonde le Syndicat humaniste, une organisation de défense des droits de l'homme.

Le 1er juillet 1968, il est découvert décédé dans sa baignoire. Cette mort foudroyante, à l'âge de 64 ans seulement, dans des circonstances pour le moins inhabituelles, ne fait pourtant à aucun moment partie des préoccupations du gouvernement allemand. En 1995, l'Institut Fritz Bauer, organisation à but non lucratif dédiée aux droits civils dans le cadre de la Shoah, est créé, en hommage à l'ancien procureur général.

Jusqu'en 2010, date de sortie du film *Fritz Bauer, un héros allemand*, réalisé par la documentariste allemande Ilona Ziok, Bauer était retombé dans un oubli injustifié de l'histoire dans son propre pays. Si ce film, retraçant les points forts de son existence et de son œuvre, lui a redonné un crédit qu'il avait perdu, Bauer n'en demeure pas moins, par un abrupt paradoxe, un héros des mémoires, longtemps oublié par la mémoire.

ALBERT TRIBOULET

Le « chamois » du Vercors

Albert Triboulet est né en 1901 à Briançon. Militant socialiste, franc-maçon affilié à la loge de l'Humanité de la Drôme, passionné de pédagogie et persuadé que l'éducation doit conduire l'humanité sur le chemin du progrès et de la paix, il devient professeur d'italien et maître d'éducation générale au collège classique de Romans-sur-Isère.

C'est là que la guerre le surprend. L'avancée rapide des forces de l'Axe et l'occupation de l'Isère par l'armée italienne dès novembre 1942, puis par l'armée allemande en septembre 1943, le désolent et il décide, après avoir été contacté par un avocat socialiste grenoblois, maître Hugues, d'entrer en résistance en constituant un réseau local à Romans.

Il prend vite une place importante et s'affirme comme bras droit de Raoul Blanchard au sein de la compagnie romanaise et péageoise des francs-tireurs du Vercors. Il s'implique également dans la prise en charge d'enfants réfugiés, notamment juifs, à qui il donne des cours au château de Sallemard.

Dans le maquis, il devient sous le nom du lieutenant Marc le commissaire politique de la compagnie Abel, qu'il a fondée avec un collègue enseignant, et lorsque le comité local de Résistance est créé en décembre 1943 sous l'égide des Mouvements unis de la Résistance (MUR), il en est le chef de district. Au début de l'année 1944, il est investi d'une mission de liaison pour la commission interalliée dans la région des Alpes avant de monter au Vercors le 8 juin 1944. Dans le cadre du plan allié en effet, le code « Il y a de l'eau dans le gaz », lancé depuis Londres le 1er juin 1944, signifie pour le plateau son verrouillage, et le 5 juin, le fameux code « Le chamois des Alpes bondit » (l'animal étant l'emblème du maquis) fait converger vers le massif des centaines de volontaires.

À partir du verrouillage des accès au plateau par la Résistance, jusqu'à l'offensive allemande, fin juillet, à l'instar d'autres zones disséminées sur le territoire français, le Vercors fonctionne comme une zone libérée, support d'une structure étatique qui prolonge l'embryon d'État dirigé par le Gouvernement provisoire de la République frrançaise (GPRF). Mais le plan « Montagnards », c'est-à-dire l'envoi massif de troupes aéroportées auquel s'attendaient les maquisards, ne sera jamais mis en œuvre. Il va même tragiquement s'inverser, les maquisards, assaillants potentiels, devenant des assiégés pris au piège.

Entre la bataille de Normandie et la préparation du débarquement de Provence, la défense du bastion du Vercors n'entre pas dans les priorités des Alliés qui laissent les insurgés à leur triste sort, les Allemands ne tardant pas à lancer l'offensive qui se solde par un bilan tragique.

À la suite d'une dénonciation, Albert est fait prisonnier au barrage de Saint-Just-de-Claix. Il est fusillé au soir du 1er août 1944 en compagnie de neuf compagnons d'armes, dans le parc du château de Saint-Nazaire-en-Royans.

La citation suivante lui a valu l'attribution à titre posthume de la Légion d'honneur et de la croix de guerre : « Le lieutenant Triboulet a incarné l'esprit de la résistance à Romans depuis 1942. Officier adjoint au commandant de la compagnie, chargé par la mission interalliée d'une mission délicate dans le Briançonnais, s'acquitta de cette tâche brillamment. Tombé à l'ennemi le 29 juillet 1944. »

Un lycée de Romans ainsi qu'une rue portent aujourd'hui le nom d'Albert Triboulet.

NICHOLAS WINTON

Le parrain aux 669 filleuls

Nicholas Winton est né à Londres en 1909. Convertie au christianisme, sa famille avait des origines juives allemandes. Alors qu'il avait prévu de partir pour la Suisse faire du ski lors des vacances de Noël de l'année 1938, il répond à l'appel à l'aide lancé par l'un de ses amis, Martin Blake, qui travaille pour le Comité britannique pour les réfugiés tchécoslovaques. La région des Sudètes vient en effet d'être annexée par Hitler sans que bronchent en dépit de leur réprobation la France et le Royaume-Uni, tétanisés, engagés dans une politique d'« apaisement » et persuadés, en dépit des avertissements de Winston Churchill, entre autres, qu'Hitler s'en tiendra là.

Son séjour dans une Tchécoslovaquie démantelée et soumise à d'importants déplacements de population et à une militarisation active convainc Nicholas du danger que représente l'Allemagne nazie, alors même que les exactions menées contre les juifs se sont largement intensifiées depuis la nuit de Cristal de novembre. Mis sur place en relation avec le comité pour les juifs d'Allemagne, il décide de participer à l'exfiltration d'Autriche et d'Allemagne de cinq mille enfants vers la Grande-Bretagne en passant par Prague.

En quelques mois, il organise de A à Z leur départ, déployant des trésors d'ingéniosité et d'efficacité pour se procurer de faux papiers, des ressources financières, identifier des familles d'accueil, dans un contexte d'extrême dénuement de réfugiés qui avaient tout quitté et comprenaient vite que pour sauver leurs enfants, il leur faudrait encore renoncer à eux. C'est avec colère et effroi qu'il doit pourtant renoncer à accomplir la totalité de la tâche qu'il s'était assignée : le déclenchement de la guerre et la progression des armées du Reich le contraignent à rentrer chez lui.

Le bilan de son action déterminée et énergique force malgré tout l'admiration puisqu'il aura réussi à faire en sorte que 669 enfants juifs soient soustraits au génocide.

Après son retour en Grande-Bretagne, Nicholas Winton a naturellement combattu l'ennemi différemment, comme tous ses camarades, en servant à la fois dans la Croix-Rouge et au sein de l'armée britannique.

Il s'est par la suite marié, a eu trois enfants et a repris son métier de banquier, tout en demeurant très engagé dans le secteur caritatif. Malgré le nombre impressionnant de vies sauvées grâce à son intervention, il n'a parlé à personne de cette histoire durant cinquante longues années, jusqu'à ce que sa femme découvre dans leur grenier le journal dans lequel il avait rassemblé des lettres, des listes et des photographies d'enfants.

Enfin reconnu et salué pour ses actes héroïques, il a pu rencontrer dans le cadre d'une émission surprise de la BBC certains des enfants devenus grands qu'il avait sauvés et qui ont pu à cette occasion lui témoigner leur profonde gratitude. Ayant toujours refusé de se considérer comme un héros, Nicholas Winton, mort à 106 ans en 2015, disait : « C'est une histoire ancienne, j'ai simplement fait ce que j'avais à faire. »

ROMAN HRABAR

Le bienfaiteur des orphelins

Roman Hrabar est un envoyé spécial du gouvernement polonais missionné pour récupérer des milliers de petits Polonais arrachés par les nazis à leurs parents pendant la guerre pour être germanisés. Hrabar est conscient de la lourdeur de sa tâche. Il connaît les conclusions de l'enquête menée en Pologne sur le caractère massif de ces enlèvements, méticuleusement orchestrés par un système d'institutions subordonnées à Heinrich Himmler, commissaire au renforcement de la germanité. Il s'attache patiemment à retrouver et rapatrier ceux des 200 000 enfants déplacés en Allemagne dont les papiers d'identité ont été falsifiés.

Retour en arrière. Fin janvier 1945, à Katowice, en Pologne. Un camion militaire s'arrête devant le siège de la voïvodie (préfecture). Roman Hrabar, 36 ans, pénètre dans l'immeuble occupé il y a deux jours encore par les nazis. Il connaît bien la ville. Bien que né aux confins orientaux de la Pologne, à Kolomyja, il s'est installé en Silésie après avoir obtenu son diplôme de droit. Il a d'abord travaillé dans l'administration de l'industrie minière, puis au bureau du procureur général. Il passe l'occupation à Varsovie. Après le soulèvement de 1944, il gagne Cracovie, où la Gestapo l'arrête et le jette en prison jusqu'à la libération. De retour à Katowice, il organise l'aide sociale à la population de la région.

Après la guerre, des centaines de milliers de gens rapatriés de l'est de la Pologne incorporée à l'Union soviétique, comme de l'ouest, arrivent à Katowice. Alors que tous cherchent leurs proches dans une atmosphère de chaos, il apparaît rapidement que de nombreux enfants manquent à l'appel.

En analysant des avis de recherche, Hrabar est frappé par le caractère répétitif des circonstances dans lesquelles les enfants ont été séparés de leurs familles. Ils ont été enlevés dans des écoles, des hôpitaux, à leur domicile et même dans la rue, puis placés dans des centres de transit avant d'être envoyés vers une destination inconnue. Les nazis prenaient les enfants de parents politiquement suspects, des femmes divorcées, des veuves des résistants fusillés.

Hrabar commence alors à étudier des piles de documents de l'administration nazie. Il découvre avec stupeur que, contrairement au mépris officiel vis-à-vis des Slaves et des « sous-hommes de l'Est », les spécialistes nazis de la race aryenne considéraient que les Slaves et les Allemands possédaient les mêmes caractéristiques raciales, mais dans une configuration différente. La « théorie des sangs apparentés » est à l'origine d'une sélection annuelle à laquelle ont été soumis les enfants polonais âgés de 6 à 10 ans, sous couvert d'un examen médical.

Les enfants « racialement de valeur » étaient ensuite enlevés à leurs parents. Pour ce faire, tout un système a été mis en place, qui écumait les écoles, les hôpitaux, les centres d'aide sociale et d'adoption, les tribunaux des affaires familiales, l'état civil, et qui fonctionnait avec le Lebensborn, une organisation SS chargée de coordonner la « dénationalisation » de ces enfants.

Après la guerre, ce sont les journalistes de l'agence Polpress qui fournissent les premières informations essentielles, publiant une liste de noms d'une cinquantaine d'enfants sur un document intercepté par le ministère de la Sécurité publique polonais. La liste est d'autant plus exceptionnelle qu'elle contient leurs noms polonais et allemands, ainsi que le nom et l'adresse de leurs parents adoptifs. Puis l'Américaine Eileen Blackley, directrice générale du bureau de recherches d'enfants pour l'Europe, fournit d'autres informations à Hrabar.

À la lecture des documents nazis, on arrive petit à petit à comprendre le système de changement d'identité. Pour permettre aux enfants de mémoriser facilement leurs nouveaux noms, l'Office central de la race et du peuplement du Reich, le Rasse und Siedlungshauptamt (RuSHA), conseillait à ses fonctionnaires de conserver les deux ou trois premières lettres de l'ancien nom. Ainsi, Karwinowski devenait Karpers, Mikolajczyk Micker, Sosnowska Sosemann. Parfois, le nom polonais était traduit : Olejnik Oelmann, Mlynarczyk Mueller, Ogrodowczyk Gaertner. Si le nom avait une consonance typiquement slave, on le transformait en nom typiquement allemand : Cieslak Schueller, Rzamiak Kramer, Czeslawski Zallinger.

Jusqu'à la fermeture de son bureau le 31 août 1950, Roman Hrabar parvient à faire rentrer 33 000 enfants enlevés en Pologne ; 20 000 ont été retrouvés dans la zone d'occupation soviétique, 11 000 dans les zones occidentales et 2 000 en Autriche. Mais cela ne représente que 10 à 15 % de tous les enfants polonais enlevés par les nazis, et ce sont près de 170 000 personnes qui ne sont jamais revenues en Pologne.

Les plus jeunes d'entre eux ont aujourd'hui un peu plus de 70 ans. Ils ont des enfants et des petits-enfants. Leurs descendants vivent éparpillés entre l'Allemagne, l'Autriche, la Grande-Bretagne, les États-Unis et même l'Espagne.

Après sa mission en Allemagne, Roman Hrabar retourne à Katowice où il ouvre un cabinet d'avocats, écrit plusieurs livres sur le Lebensborn et le vol d'enfants organisé, et met sa riche documentation à la disposition des parents qui, dans les années 1960, continuent à chercher leurs enfants – n'arrêtant vraiment son combat pour la vérité qu'en 1996, année de sa mort.

RIP

Le chien du Blitz

Il arrive que ce soit par la fin que tout commence. Lorsqu'en 1940 le chien Rip, dont le nom est évocateur des funérailles[18], est retrouvé à Londres après un bombardement aérien, il semble déjà qu'un miracle ait eu lieu. Ce n'est pourtant que le premier d'une longue série de coups d'éclat qui vont voir le terrier sauver lui-même, avec l'acharnement de sa race, de très nombreuses personnes.

Sitôt sauvé, il est adopté par un militaire qui fait de lui la mascotte de sa patrouille. C'est alors qu'après s'être découvert chien secouru, il se révèle chien secouriste, sans avoir été ni dressé ni entraîné pour cela ; il retrouve, en l'espace d'un an seulement, plus d'une centaine de personnes prisonnières des décombres après des bombardements allemands.

Peut-être ses exploits doivent-ils tout au sentiment du miracle d'avoir été secouru... Ce qui est certain, c'est qu'il donne aux hommes la bonne idée de former d'autres chiens à la recherche de survivants ensevelis.

Si l'on additionne à ceux qu'il a sauvés lui-même tous ceux qu'ont sauvés ses successeurs, Rip est bien l'un des héros les plus prolifiques d'un XXe siècle qui en a compté beaucoup.

Décoré en 1945 de la médaille Dickin, destinée à honorer les animaux qui se sont illustrés durant la Seconde Guerre

---

18. RIP est l'abréviation de la phrase « *Requiescat in pace* », qui signifie « Qu'il repose en paix ».

mondiale, Rip vient opportunément rappeler à l'homme que son sentiment de supériorité sur les autres créatures, particulièrement en période de guerre, est loin d'être toujours justifié.

C'est de tout son cœur que Rip semble s'être employé à communiquer aux hommes la seconde vie qu'il avait reçue d'eux, avant de mourir en 1946.

LES LONDONIENS SOUS LE BLITZ

Les Londoniens sous les bombes

Pendant la bataille d'Angleterre, les habitants de Londres ont fait preuve d'un courage et d'une résilience extraordinaires face au *Blitz* allemand. Malgré les conditions critiques dans lesquelles ils se trouvaient, ils ont affronté l'ennemi avec détermination et ont résisté avec une force inébranlable. Le *Blitz*, qui a eu lieu entre septembre 1940 et mai 1941, est une campagne de bombardements massifs menée par l'Allemagne nazie sur les villes britanniques, en particulier sur Londres.

L'objectif des Allemands était de détruire les infrastructures et de démoraliser la population afin de forcer le gouvernement à négocier la paix. Elle a touché principalement Londres mais également Coventry, Plymouth, Birmingham et Liverpool, et aussi les villes historiques de Canterbury et Exeter ainsi que la station balnéaire de Great Yarmouth. Plus de 40 000 civils ont été tués et près de 150 000 blessés selon des chiffres officiels. Environ quatre millions de Britanniques ont évacué les sites concernés.

Malgré les attaques incessantes de l'aviation allemande, les Londoniens, motivés par Winston Churchill, ont pourtant refusé de se laisser abattre. Ce dernier leur avait déclaré : « Je n'ai à vous offrir que du sang, du labeur, des larmes et de la sueur », le 13 mai 1940, dans son premier discours, devenu célèbre, devant la Chambre des communes, après sa nomination au poste de Premier ministre du Royaume-Uni pour remplacer Neville Chamberlain.

À la suite de ce vibrant appel, les habitants de la capitale anglaise ont fait preuve d'un esprit de résistance extraordinaire, restant forts et unis dans l'adversité. Prompts à rejoindre à la moindre sirène les nombreux abris antiaériens aménagés pour les circonstances, ils ont traversé cette épreuve en organisant les conditions de leur survie grâce à une grande solidarité entre concitoyens. Les bénévoles ont travaillé sans relâche pour aider les blessés et les sans-abri, tandis que les voisins se sont soutenus mutuellement en partageant leurs ressources et en offrant un soutien moral.

Les habitants de Londres ont donc formé une véritable communauté de résistance. Les conditions de vie pendant le *Blitz* étaient pourtant extrêmement difficiles : pénurie de nourriture, d'eau et d'électricité. Malgré les destructions massives, ils ont notamment continué à vaquer à leurs occupations quotidiennes : les écoles fonctionnaient, les commerces ont rouvert dès que possible et les transports en commun circulaient.

Cette attitude de défi a envoyé un message fort à l'ennemi qui a impressionné le monde entier : les Londoniens ne se laisseraient pas vaincre. La résistance commence toujours près de chez soi.

partie 3

Agir pour le bien commun

Héroïnes et héros solidaires

« Moi, je file un rancard à ceux qui n'ont plus rien
Sans idéologie, discours ou baratin
On vous promettra pas les toujours du grand soir
Mais juste pour l'hiver à manger et à boire

À tous les recalés de l'âge et du chômage
Les privés du gâteau, les exclus du partage
Si nous pensons à vous, c'est en fait égoïste
Demain, nos noms peut-être grossiront la liste

Aujourd'hui, on n'a plus le droit
Ni d'avoir faim ni d'avoir froid
Dépassé le chacun pour soi
Quand je pense à toi, je pense à moi
Je te promets pas le grand soir
Mais juste à manger et à boire
Un peu de pain et de chaleur
Dans les restos, les restos du cœur. »

Jean-Jacques Goldman, 1986.
Les Enfoirés chantent « Les Restaus du cœur »

Ni guerriers, ni résistants, ni soldats, ni militants engagés pour la révolution.

Mais résilients et prêts à se dévouer contre la fin du mois et contre la fin du monde.

Pour sauver les plages et la planète, les terres et les plantes, pour le bio et le bon, pour les humains comme pour les animaux, ils ont un jour changé de trottoir, de ville, de vie.

INFIRMIÈRES ET INFIRMIERS

Entre dévouement et dénuement

Des hôpitaux

Les soignants français ne veulent plus qu'on les voie comme des héros. Après la série *Nina*, diffusée sur France 2 en 2015, qui avait suscité l'hilarité générale de la communauté médicale, tant les situations vécues par cette « super-infirmière » semblaient cocasses, décalées, peu crédibles, et la grande soirée d'hommage au monde médical et à ses acteurs du 5 janvier 2016 animée par Michel Drucker, *Une nuit avec les héros de la santé*, ils avaient exprimé leur agacement d'être portés aux nues régulièrement pour leur supposé dévouement total alors qu'ils aspiraient simplement à se comporter de façon professionnelle avec des conditions de travail et des moyens décents.

La crise du Covid-19 n'a pas arrangé les choses, bien au contraire, et nous avons presque tous applaudi au moins une fois à 20 heures, en communion avec tous les autres confinés, en hommage aux soldats de la santé restés sur le front, œuvrant sans cesse dans les hôpitaux débordés en dépit de leur exposition au virus.

Confronté à cette exaspération du personnel de santé désireux de bénéficier de moins de reconnaissance bruyante et débordante de pathos et de davantage de solutions concrètes pour l'aider à prendre en charge le plus efficacement possible les patients, le gouvernement français a lancé le Ségur de la santé durant l'été 2000 afin d'aborder la revalorisation des carrières, l'organisation des soins dans les territoires, l'investissement, le numérique, la gouvernance et l'association des soignants aux prises de décision, la lutte contre les inégalités de santé et d'accès aux soins, la recherche, etc.

Parmi toutes les mesures prises, l'une d'entre elles a cristallisé l'attention : considérée par les uns comme strictement symbolique, elle permet pour les autres une reconnaissance du statut particulier des métiers de la santé au service du bien commun. Il s'agit de la création d'une mention spécifique aux agents publics décédés dans des circonstances exceptionnelles : « Mort pour le service de la République » est donc venue s'ajouter aux deux précédentes « Mort pour la France » et « Mort pour le service de la nation ». À cette nouvelle expression de reconnaissance s'ajoute également un nouveau statut, celui de « Pupilles de la République ». Les enfants de ces soignants bénéficieront alors du soutien moral et financier de l'État, tout en jouissant des mêmes mesures d'accompagnement fiscal, social et éducatif que les pupilles de la Nation.

En dépit de ce grand chantier engagé, en dépit de l'expérience dramatique que le monde entier a vécue et qui a rappelé le rôle crucial des soignantes et des soignants, les cadences qui leur sont infligées, tout au long de leur carrière, restent insupportables et nombreux sont celles et ceux qui avouent être au bout du rouleau.

Heureusement, il reste la fierté d'exercer un métier choisi et aimé, un métier à vocation comme on dit.

Cela suffit-il à faire des héros ? Le travail des professionnels de la santé est toujours difficile, parfois risqué, source d'un enrichissement intellectuel, scientifique et humain formidable, mais source aussi d'épuisement, de déception, de découragement, parfois même de colère et de désespoir...

Alors, une petite voix silencieuse, leur entourage, les médias... affirment qu'ils sont des héros, individuellement ou collectivement, et s'ils feignent de ne pas le savoir, ce n'est pas pour autant qu'il nous faut cesser de le croire et de les en remercier...

Et du service de santé des armées

Le service de santé des armées (SSA) est un service interarmées des armées françaises placé sous l'autorité directe du chef d'état-major des armées. Institués par Louis XIV en 1708 par édit royal, les services de santé militaires se développent au cours du XVIIIe siècle. Des écoles (Rochefort, Toulon, Brest) sont créées pour former des médecins aux tâches spécifiques qui les occuperont, alors même que les guerres se transforment, au fil du progrès technique qui augmente la puissance de feu, du renforcement des États centraux et de l'affirmation du sentiment national. Le port d'un uniforme imposé aux officiers soignants et la création d'une structure permanente avec l'hôpital du Val-de-Grâce vont dans le sens du pressentiment partagé par l'officier et stratège prussien Clausewitz dans son ouvrage *De la guerre* (1832) lorsqu'il explique, en analysant les guerres napoléoniennes, que la logique d'illimitation, qu'il qualifie de « montée aux extrêmes », fait progressivement glisser les « guerres réelles » vers la « guerre absolue ».

Après l'extension des activités médicales dans le domaine militaire, une direction centrale de tous les services de santé est créée en 1945, réunissant toutes les armes, Terre, Air, Mer, Gendarmerie. La fusion de toutes les structures est achevée dans les années 1960 et les anciennes écoles prennent le nom d'École du service de santé des armées (ESSA), tandis que huit centres hospitaliers sont déployés sur le territoire national. Le centre unique de formation des médecins et pharmaciens militaires est actuellement situé à Bron où ils suivent un cursus exigeant pendant les deux premiers cycles universitaires, capable de les préparer aux conditions extrêmes dans lesquelles ils auront parfois à intervenir, au mépris des circonstances et du danger. Leur mission est en effet le soutien médico-chirurgical des forces armées françaises et des organismes du ministre des Armées, sur le territoire national et sur les théâtres d'opérations extérieurs.

Le SSA participe également à des missions humanitaires au profit de populations victimes des conséquences d'un conflit armé ou sinistrés à la suite d'une catastrophe naturelle, d'une famine ou d'une épidémie. Outre ces objectifs prioritaires, le SSA offre un apport conséquent dans le domaine de la santé publique et dans la mise en œuvre des plans gouvernementaux de gestion des risques, destinés à faire face aux risques nucléaires, radiologiques, biologiques et chimiques, d'origine accidentelle ou provoquée. Enfin, à la suite des attentats du 13 novembre 2015, l'enseignement du savoir-faire militaire de la prise en charge des blessés par armes de guerre est organisé pour les professionnels de santé civils.

Pour être à la hauteur de cette tâche, le SSA dispose d'un effectif d'environ 15 000 personnes.

Tout au long de son histoire, de nombreux membres du personnel se sont illustrés par leur bravoure. Qu'il nous soit permis de nous attarder sur un parcours emblématique, afin de prendre la mesure de la contribution des femmes et des hommes engagés dans cette noble institution : Dominique Larrey est une figure incontournable de la médecine militaire. Né en 1766, formé à Toulouse, puis à l'Hôtel-Dieu de Paris, il intègre l'École de chirurgie navale de Brest et y apprend les bases de la chirurgie dite « précoce », qu'il a l'occasion d'expérimenter dans la Marine. Il s'aguerrit par la suite aux Invalides avant de s'engager dans l'armée du Rhin qu'il suit dans la campagne d'Allemagne pour mettre au profit des blessés son incomparable savoir-faire. Il passe notamment outre les interdictions réitérées des officiers combattants aux officiers de santé de se tenir trop près du front et de chercher à intervenir le plus rapidement possible auprès des blessés.

À la suite de cette expérience qui lui laisse un goût amer, il met au point la technique des « ambulances volantes », destinées à exfiltrer les blessés du champ de bataille, où il n'était pas rare auparavant qu'on les laisse croupir des jours durant. Larrey est naturellement nommé professeur de chirurgie au tout nouvel hôpital du Val-de-Grâce mais, homme de terrain, il continue de sillonner les zones de guerre pendant l'épopée napoléonienne qui lui offre l'occasion de parcourir l'Europe. Son aide au moment de la bataille d'Eylau est particulièrement appréciée et l'homme « aux 800 opérations » se voit nommé commandeur de la Légion d'honneur et fait baron par Napoléon. Il faut dire que sa maîtrise parfaite de l'amputation lui permet à cette occasion de sauver près des trois quarts des blessés et d'éviter la propagation du redoutable tétanos. Les grognards, reconnaissants, le surnomment « Providence des soldats », et alors que, fait prisonnier, il allait être fusillé, il est sauvé par la reconnaissance d'un officier prussien dont il avait jadis soigné le fils.

Revenu à la vie civile après les turbulences des Restaurations, il devient membre de la première promotion de l'Académie de médecine en 1820 et entre à l'Institut de France, à l'Académie des sciences, en 1829. Infatigable, il n'en cesse pas moins d'agir, encore et toujours, pour améliorer l'efficacité des services de santé de l'armée et meurt en 1842, de retour d'une inspection médicale qu'il avait sollicitée et qui avait conduit ses pas en Algérie.

Il n'est qu'un des innombrables héros d'un service qui sauve sous l'uniforme des personnes, qu'elles le portent ou non.

JOE LOUIS CLARK

La discipline pour la liberté ?

Joe Louis Clark est principal de l'école secondaire Eastside à Paterson, dans le New Jersey, où il attire l'attention du public dans les années 1980 pour ses mesures éducatives non conventionnelles et pour cela controversées, jusqu'à être le principal sujet, en 1989, du film *Lean on Me*.

Né en Géorgie en 1938, Clark est considéré comme un éducateur qui n'a pas peur d'être dur avec les élèves difficiles, se munissant souvent d'un porte-voix ou d'une batte de baseball à l'école. Lorsqu'il est critiqué pour cela, Clark explique que la batte n'a jamais été utilisée comme une arme, mais comme une métaphore de la vie : « Un élève peut soit faire un *strike out*, soit frapper un *home run.* »

Pendant son mandat de principal, Clark renvoie plus de trois cents élèves retardataires, absentéistes, consommateurs ou vendeurs de drogue qui causent des problèmes au sein de l'établissement. Il rétablit un ordre propice à l'apprentissage pour que les élèves défavorisés ne subissent pas leur scolarité comme une double peine mais puissent la vivre comme une forme d'émancipation.

Même s'il suscite des critiques de la part d'éducateurs moins centrés sur la discipline, Clark s'impose comme un véritable modèle dans la reprise en main et la remise en route d'un établissement scolaire parti à la dérive.

Il prend les risques inhérents à l'exercice de toute autorité, endurant notamment les reproches de ceux qui entendent être fidèles à leurs idéaux, quitte à voir le monde s'effondrer sous leurs yeux. Considérant que l'ordre est le terreau dans lequel peuvent germer les progrès, il s'emploie à le rétablir à visage découvert, avec le soutien des élèves les moins favorisés, quelle que soit leur appartenance ethnique.

À une époque où la réalité est chaque jour mise en procès par les idéalistes qu'elle déçoit, il est possible de considérer que le pragmatisme, surtout quand il est autoritaire, ressort d'une forme d'héroïsme.

Qu'importe si cette figure du héros déplaît à ceux qui destitueraient volontiers le courage, tant il attente à leur lâcheté : celui qui a permis à des professeurs d'enseigner et à des élèves d'apprendre mérite l'hommage qui fait chanter à Goldman, en l'honneur d'un éducateur, « il changeait la vie ».

Décédé en 2020 à l'âge de 82 ans, Joe Louis Clark est bien l'un des héros de cet ordre qui soutient, comme un tuteur l'arbre, bien davantage qu'il ne l'étouffe, la liberté naissante des enfants et des adolescents.

BAPTISTE

et le Batisto'Phone

Pour son institutrice, Baptiste est un « super-héros ». Et plutôt du genre précoce, puisqu'il n'a que 7 ans, en 2018, lorsque l'enseignante lui décerne ce titre amplement mérité. Baptiste, atteint d'un « lymphome de Burkitt », un cancer très agressif, s'est battu avec courage contre la maladie. Mais surtout, il a refusé de perdre le lien si cher à ses yeux avec ses copains de la classe CP/CE1 de Chéreng, dans le Nord.

Au tout début de son hospitalisation, ses petits camarades se sont mobilisés pour lui apporter cahiers et devoirs, ramenant dans l'autre sens les exercices accomplis. Des allers-retours entre l'école et l'hôpital trop lents aux yeux de Baptiste, qui voulait plus que tout garder un contact plus direct avec la classe.

Pour ce faire, il a inventé le « Batisto'Phone », une application qui permet aux petits malades d'établir une liaison quasi permanente avec leurs camarades et leurs enseignants. Elle permet d'échanger des photographies, des vidéos, et même de jouer en direct, pendant les temps de récréation, bien sûr.

L'initiative de Baptiste a été récompensée par le prix de la Fondation de l'enseigne Okaïdi.

PIERRE et **FRANÇOISE DE MENTHON**
Les diplomates exfiltreurs

En mars 1972, Pierre et Françoise de Menthon prennent possession de leur nouveau port d'attache, l'ambassade de France à Santiago du Chili. Mais ce qu'ils imaginent sans doute comme une simple étape dans une carrière diplomatique va prendre seize mois plus tard une tournure dramatique lorsque le couple, décidant de rester fidèle à la foi chrétienne et à sa profonde humanité, sauvera des centaines de personnes menacées de mort.

En effet, le 11 septembre 1973, un coup d'État dirigé par le général Pinochet renverse le pouvoir chilien. La junte militaire se lance dans une vaste chasse à l'homme visant la gauche. Arrestations arbitraires, enlèvements, tortures et exécutions feront près de 40 000 victimes, dont plus de 3 000 morts et disparus, poussant des dizaines de milliers de personnes à l'exil.

Pour fuir la répression sanglante des militaires, plusieurs milliers de personnes tentent de se réfugier dans les ambassades étrangères à Santiago. Parfois en vain, comme devant les grilles closes des représentations britannique ou autrichienne. En revanche, la Suède est la première à ouvrir ses portes, suivie très vite par plusieurs autres missions diplomatiques, dont la France. L'ambassadeur et son épouse organisent l'accueil, l'hébergement et l'exfiltration de celles et ceux qui parviennent jusqu'à eux.

Pierre de Menthon n'ignore pas que son initiative peut déplaire du côté de la junte tout comme à Paris qui n'appréciait guère le président socialiste Allende et son Unité populaire, qui ressemble beaucoup à l'Union de la gauche. L'ambassadeur décide de ne pas s'en soucier, fidèle sans doute à une sorte de tradition familiale.

Né le 7 octobre 1913 à Montmirey-la-Ville (Jura), il a pour père le comte Henry de Menthon qui a caché des enfants juifs dans son château en 1943, honoré pour cela à titre posthume comme « Juste parmi les nations ».

Quant à son frère aîné, François de Menthon, grand résistant, il avait été nommé, par le général de Gaulle, procureur au tribunal international de Nuremberg qui allait juger les dignitaires nazis.

Entre septembre 1973 et avril 1974, Pierre et Françoise de Menthon ont secouru plus de 600 réfugiés politiques, transformant l'ambassade et la résidence de l'ambassadeur en dortoir géant, abritant au plus fort de la crise environ 260 personnes. Tandis que son mari négocie avec le pouvoir militaire l'obtention des sauf-conduits diplomatiques pour exfiltrer les réfugiées, Françoise supervise le ravitaillement et les soins aux enfants. Pendant huit mois, toute l'équipe de l'ambassade se consacre à l'aide et au secours des réfugiés.

En juillet 1974, les époux quittent le Chili pour l'Irlande, dernière étape de la carrière de Pierre de Menthon avant son retrait de la vie publique, en 1977. Il décède le 4 juin 1980 à l'âge de 66 ans. Son épouse, Françoise, disparaît le 14 avril 2019, à l'aube de ses 100 ans.

En décembre 2018, une plaque en hommage à leur action a été inaugurée dans les jardins de la résidence de France, à Santiago.

JOURNALISTES

Combattantes et combattants de la vérité

De 2003 à 2022, près de 1700 journalistes ont été tués dans le monde dans l'exercice de leur métier, soit une centaine par an en moyenne, selon un bilan publié par Reporters sans frontières. L'Irak et la Syrie dominent le classement des pays les plus dangereux.

Si les journalistes masculins sont les plus nombreux à tomber dans les zones de conflit ou dans d'autres circonstances (95 %), leurs consœurs ne sont pas épargnées. Au total, depuis vingt ans, plus de quatre-vingts ont été tuées. En fonction des années, le nombre de femmes décédées en reportage connaît toutefois des pics, dont certains sont particulièrement alarmants. En 2017, leur nombre a atteint dix victimes féminines pour soixante-quatre hommes tués, soit un pourcentage record de 13,5 % de la mortalité totale.

L'année 2023 a été particulièrement meurtrière pour les membres de la presse. Plus de cent journalistes et professionnels des médias ont été tués au cours de l'année, ce qui représente le nombre le plus élevé depuis 1992 et une augmentation de près de 50 % par rapport à 2022, selon le Comité pour la protection des journalistes (CPJ). Cette hausse s'explique par le grand nombre de journalistes ayant trouvé la mort alors qu'ils couvraient la guerre à Gaza ou en Ukraine et par une forte augmentation des assassinats en Amérique latine.

Au Mexique et en Haïti, les journalistes sont la cible de meurtres brutaux, et la grande majorité des auteurs n'ont pas été traduits en justice. Le Mexique continue donc de figurer en bonne place dans l'indice mondial de l'impunité du CPJ.

Les autres journalistes qui ont perdu la vie au cours de l'année couvraient une variété de sujets : la criminalité et la corruption, les troubles politiques, l'environnement, la politique locale, le crime organisé. Plus de cinq cents sont par ailleurs emprisonnés.

Leur mort met en évidence l'ampleur des menaces auxquelles est confrontée la presse dans le monde entier, y compris dans des pays dotés de gouvernements démocratiquement élus.

Rendons donc ici hommage aux journalistes français morts pour avoir voulu savoir et faire savoir :

Pierre Billaud, grand reporter de RTL, mort le 11 novembre 2001 à l'âge de 31 ans, en Afghanistan au cours d'une embuscade.

Pierre Blanchet, journaliste à *Libération* puis au *Nouvel Observateur*, mort le 20 septembre 1991, au cours d'un reportage sur l'implosion de la Yougoslavie.

Patrick Bourrat, envoyé spécial de TF1 mort le 22 décembre 2002, au Koweït, heurté de plein fouet par un char.

Jean-Louis Calderon, reporter à Europe 1 puis à La Cinq, mort le 22 décembre 1989, alors qu'il couvrait la révolution en Roumanie.

L'équipe de *Charlie Hebdo* : Stéphane Charbonnier dit Charb, Jean Cabut dit Cabu, Elsa Cayat, Philippe Honoré dit Honoré, Bernard Maris, Mustapha Ourrad, George Wolinski et Bernard Verlhac dit Tignous et Michel Renaud, Frédéric Boisseau, ainsi que les policiers Franck Brinsolaro et Ahmed Merabet. Assassinés ensemble le 7 janvier 2015.

Jean-Pascal Couraud, surnommé JPK, longtemps aux *Nouvelles de Tahiti*, disparu dans la nuit du 15 au 16 décembre 1997.

Yves Debay, correspondant de guerre pour le magazine *Raids* puis *Assaut*. Tué le 17 janvier 2013 en Syrie par un tireur embusqué à Alep.

Ghislaine Dupont, journaliste de RFI, assassinée le 2 novembre à Kidal au nord-est du Mali.

Jean Hélène, correspondant de RFI, mort le 21 octobre 2003, en Côte d'Ivoire.

Gilles Jacquier, journaliste reporter d'images tué le 11 janvier 2012, à Homs en Syrie par un obus de mortier.

Jean-Claude Jumel, ingénieur du son de TF1 tué par balles à Mogadiscio en Somalie, le 18 juin 1993.

Frédéric Leclerc-Imhoff, journaliste de BFM-TV, tué au printemps 2022 dans l'est de l'Ukraine.

Camille Lepage, photographe et journaliste assassinée le 13 mai 2014, en République centrafricaine.

Lucas Mebrouk Dolega, photographe tué le 17 janvier 2011, en Tunisie, par un tir de grenade lacrymogène à bout portant.

Rémi Ochlik, reporter-photographe indépendant, mort le 22 février 2012 à Homs, en Syrie, lors d'un bombardement d'une maison servant de centre de presse.

Olivier Quemeneur, assassiné le 1er février 1994 dans la casbah d'Alger alors qu'il effectuait une enquête.

Yvan Skopan, caméraman de TF1, grièvement blessé de plusieurs balles en Russie. Rapatrié en France, il décède des suites de ses blessures le 5 octobre 1993.

Arman Soldin, coordinateur vidéo de l'AFP en Ukraine depuis septembre 2022, mort sur le front en mai 2023.

Johanne Sutton, journaliste de RFI, morte le 11 novembre 2001, en Afghanistan au cours d'une embuscade.

Claude Verlon, ingénieur du son français spécialiste des reportages radio à RFI, assassiné le 2 novembre 2013 à Kidal au nord-est du Mali, avec Ghislaine Dupont.

Olivier Voisin, photographe free-lance, mort le 24 février 2013, à Idlib en Syrie, tué par des éclats d'obus.

THIERRY DEBRUN

Le policier qui fait la guerre aux déchets

Thierry Debrun aime agir et se trouver au cœur des événements. Officier de police judiciaire habitant dans le sud de la France, il entreprend des actions de ramassage des déchets sur les plages de sa région. Il crée ainsi l'association Agirrr, mobilisant des habitants pour nettoyer les sols constellés de déchets. Il décline cette activité de bénévole à l'échelle locale, en fondant des actions par ville (Nice plogging, Cagnes plogging).

C'est un engagement qui lui demande du temps, mais qui, s'il est régulier, permet de réduire les effets néfastes des déchets sauvages, et de s'attaquer à la source du problème : la surproduction de déchets. Il explique en effet que lors de ses actions hebdomadaires par plage, le groupe de ramasseurs interpelle souvent les passants pour leur expliquer leur action, communique sur la nécessité de réduire les déchets et les emballages, formant ainsi les populations à ces enjeux d'écologie.

À côté de son activité bénévole, Thierry Debrun donne aujourd'hui également des conférences au sein des écoles, des restaurants, ou des entreprises pour enseigner comment optimiser la gestion des déchets au quotidien.

Malgré les nombreuses personnes intéressées au premier abord, ou qui participent aux collectes les premières fois, Thierry explique la difficulté de trouver des profils qui s'engagent sur le long terme, ce qui nuit selon lui à l'amplification du projet. Cependant, patient et toujours confiant, il continue d'apporter chaque jour sa pierre à l'édifice, formant et soudant des groupes qui ne cessent de s'élargir et sont de plus en plus conscients de leur pouvoir de changer les choses.

Au-delà de sa contribution à la protection de l'environnement et au retour de nos sociétés à une forme de décence commune, Thierry Debrun est un héros capable d'en inspirer beaucoup d'autres, en persuadant chacun de devenir le fer de lance des changements auxquels il aspire pour le monde.

ISABELLE ESMEIN

La passeuse secrète du manuscrit de Soljenitsyne

Le 28 décembre 1973 paraît la première version russe de l'œuvre d'Alexandre Soljenitsyne, *L'Archipel du goulag*. Ce succès littéraire qui ouvre la voie au déclin de l'URSS, on ne le doit pas seulement à l'écrivain ; il convient de rendre à la « voyageuse » évoquée par Soljenitsyne lui-même dans *Les Invisibles*, un mérite dont son humilité l'a poussée à ne pas faire état.

Cette émissaire, c'est Isabelle Esmein, une Française, par l'intermédiaire de laquelle le précieux manuscrit a pu passer la frontière et être publié. Avant son intervention salvatrice, un stratagème s'était déjà mis en place entre Assia Douroff, l'intendante de l'ambassade de France à Moscou, et Soljenitsyne : Assia faisant passer les microfilms contenant les précieux écrits dans des boîtes de chocolats destinées à Nikita Struve, conseiller littéraire disposant de l'entière confiance de Soljenitsyne et chargé de la publication.

Néanmoins ce dispositif se heurtait à la dimension du colis suivant, contenant les microfilms correspondant aux écrits de *L'Archipel*, d'une importance et d'un volume tels qu'ils ne pouvaient risquer d'être envoyés dans une simple boîte de chocolats et par des protagonistes impliquant la hiérarchie diplomatique. C'est alors qu'entre en scène Isabelle Esmein, fonctionnaire du service de l'Europe orientale à Paris. Au printemps 1971, elle est à Moscou près de son amie Assia. Le

25 avril 1971, Isabelle rentrant à Paris transporte les précieux microfilms qui vont produire l'effet d'une bombe dès la publication des écrits qu'ils contiennent.

Dans *Les Invisibles*[19], Soljenitsyne écrira à propos de cette voyageuse, identifiée à titre posthume et qu'on connaît désormais : « Assia confia à une voyageuse (laquelle savait que ce qu'elle transportait n'était pas innocent) le gros de mon chargement, tout ce dont je voulais me libérer. »

Le déroulement des événements et le nom de la protagoniste surgissent grâce aux archives d'Assia Douroff, soigneusement conservées, et à l'attaché culturel Yves Hamant. Le lien entre ces héros ordinaires, restés longtemps anonymes, fait maintenant sens : la foi. Tous appartenaient à un cercle catholique français qu'on pourrait qualifier de « résistance religieuse ».

Le frère d'Isabelle dira encore à propos de sa sœur que « si elle avait fait un tel geste, jamais elle n'en aurait parlé ». L'importance de l'acte d'Isabelle, dont elle avait conscience, ne l'a pas empêchée de garder le silence à son sujet. Elle est décédée en 2002 à l'âge de 76 ans, ayant préservé pendant trente et une années le secret, jusqu'à ne pas en parler à sa propre famille.

Isabelle croyait fermement en une cause et ne recherchait ni la gloire ni les honneurs. Elle serait sans doute agacée de voir son nom imprimé. Mais c'est à un livre de rendre hommage à celle qui a permis l'édition d'un des plus importants ouvrages de son époque.

19. Fayard, 1992.

LES P'TITS HÉROS

Pour apprendre à secourir

Et si l'héroïsme n'était pas ce surgissement de l'inné à l'appel de circonstances exceptionnelles ? S'il était de l'ordre de l'acquis, et pour cela, pouvait faire l'objet d'une éducation particulière ?

Ce n'est pas de cette façon que le mythe et l'histoire disposent dans notre esprit la figure du héros, souvent présenté comme l'auteur et l'acteur, le père et le fils, la source et la destination de son acte exceptionnel.

Tout se passe dans notre esprit comme si le héros était incréé, comme s'il ne procédait d'aucun passé, d'aucun enseignement, d'aucune préparation, et que son action était au fond de l'ordre d'une épiphanie, éclairant d'une façon singulière, fugace et éphémère les ténèbres de son temps.

Il est pourtant possible de considérer, à l'inverse, que l'héroïsme, comme tout ce qui constitue le meilleur de l'homme, s'enseigne dès le plus jeune âge ; qu'il n'y a aucune plante au monde qui pousse sans avoir été semée ou au moins dispersée ; qu'à la source de l'acte héroïque on trouve à la fois l'adhésion à des valeurs qui ont dû être inculquées, l'acquisition de compétences qui ont dû être enseignées, et jusqu'à l'admiration pour des modèles ou des archétypes à laquelle l'imagination a dû être éveillée.

C'est dans cet esprit que l'association Les P'tits Héros se consacre à l'apprentissage de la prévention et du secourisme à destination des enfants âgés de 3 à 10 ans, en recourant à une pédagogie ludique et en poursuivant des objectifs adaptés à chaque âge et à la singularité de chaque enfant.

Qu'elle intervienne dans les écoles, dans les centres de loisirs ou même au sein des familles pour sensibiliser les élèves à l'apprentissage de la prévention et du secourisme et leur apprendre les gestes élémentaires de premiers secours, l'association s'attache à faire des enfants des citoyens acteurs en les habituant à mieux appréhender la portée de leurs actions quotidiennes.

Elle intègre pour cela le développement cognitif et psychomoteur de chaque enfant, ainsi que son autonomie, en le faisant passer de simples activités de découverte à l'acquisition de principes simples qui, le cas échéant, permettent de sauver des vies.

C'est donc en jouant que l'enfant apprend à alerter, protéger, examiner et secourir, dans un processus qui fait de lui un héros en puissance, dont les circonstances les plus anodines ne manqueront pas de faire, sans qu'il ait longtemps à attendre, un héros en actes.

MÈRES ET PÈRES DES ÉMEUTES DE 2023

Sur le terrain, avant, pendant, après

Après la mort tragique du jeune Nahel durant l'été 2023 et les violences urbaines qui ont embrasé de nombreux quartiers populaires en France, les critiques se sont multipliées à l'égard des parents jugés démissionnaires et responsables des errements de leur progéniture chauffée à blanc et apparemment peu soucieuse des règles qui prévalent dans notre société.

Il est des parents défaillants ou démissionnaires. Mais il faut aussi souligner le courage des autres. De nombreuses femmes se sont manifestées pour témoigner des difficultés de leur vie quotidienne, de leur environnement déserté par les acteurs publics, et pour exprimer leur volonté de combattre les fléaux auxquels elles sont confrontées. C'est le cas de ces collectifs de mères d'Aulnay-sous-Bois qui ont défilé au pied des tours pour demander aux jeunes de briser le cycle de la violence.

C'est le cas également de Fatiha Abdouni, cofondatrice des Mamans des Pablo, une association réunissant cent soixante mères de famille préoccupées par les mêmes problèmes et mues par un même désir : voir leurs enfants grandir et réussir leur vie. Ces structures très souples, qui s'apparentent le plus souvent à des groupes de parole et de médiation entre jeunes des cités et autorités, existent depuis les années 1990. Pendant longtemps, elles ont joué un rôle actif, mais aujourd'hui, sous l'effet des coupes budgétaires successives, elles sont réduites à peau de chagrin. Les Mamans de Pablo recourent souvent au système D pour accomplir des actes, comme l'orientation et l'initiation aux arcanes de Parcoursup, qui sont autant de moyens de maintenir les jeunes ailleurs que dans la rue.

La tâche est immense si l'on sait que, par ailleurs, ces mamans sont très souvent seules : sur les 12 000 habitants qui peuplent la cité Pablo Picasso, on compte ainsi 30 % de familles monoparentales dont la moitié se trouvent sous le seuil de pauvreté. On comprend leur désarroi et les efforts héroïques qu'elles doivent déployer pour maintenir leurs enfants « dans les clous » d'un système qui les intègre parfois si difficilement.

On ne compte plus les exemples de ces parents allant chercher leurs enfants par les oreilles ou formant une chaîne humaine pour protéger leurs services publics.

Ces parents-là, isolés ou en couple, séparés ou en familles recomposées, qui n'ont pas voulu baisser les bras, qui ont parfois aussi risqué leur vie pour combattre la « culture du deal », doivent être soutenus, applaudis, aidés.

CHRISTIAN DECUGIS

Le pêcheur responsable

D'abord destiné à travailler dans l'aviation ou la Défense, Christian Decugis se reconvertit rapidement dans la pêche professionnelle, domaine dans lequel il rejoint son grand-père et son frère.

Installé dans la région de Saint-Raphaël, il finit par créer sa propre entreprise de pêche avec son frère, en travaillant plus particulièrement sur le principe d'utilisation des moyens traditionnels, plus respectueux de l'environnement et des écosystèmes marins (filets, casiers…). Il se targue même de se servir de techniques adaptées selon les espèces qu'il pêche, et de respecter leur bon développement. Il promeut donc une pêche durable à bord du bateau de son cœur, baptisé des noms de ses deux enfants, le *Jean Victor*.

Son discours parvient rapidement aux oreilles des fervents défenseurs de l'environnement, à commencer par l'ONG WWF, avec laquelle il entame à partir de 2000 une longue et fructueuse collaboration. Il devient aussi membre du comité départemental des pêches et assure la transition entre les pouvoirs publics et les acteurs privés. Il va jusqu'à participer à la révision des législations européennes et apporte son expertise sur de nombreux sujets.

À côté, il s'engage dans différentes associations, comme Medarnet, Life ou l'APAM, avec pour but de lutter contre la surpêche et les dommages occasionnés par la pêche intensive. Remettant les traditions au cœur des changements amorcés, il s'efforce de tisser le plus de liens possible entre les différents acteurs de la mer et de l'environnement. Il met en œuvre des actions mémorables, comme la collecte et le recyclage des filets de pêche usagés, et dépasse souvent le cadre étroit du pays, en passant à une échelle internationale.

Sympathique et pédagogue, il cherche à transmettre son héritage au plus grand nombre possible, et à impliquer les nouvelles générations dans son projet, sa vision.

Il reste aussi à l'origine de nombreux projets qui visent à faire de la pêche une activité respectueuse, pour que les espaces marins puissent préserver un écosystème riche et autosuffisant.

JEAN-LOUIS GERSCHTEIN

Le médecin qui repeuple les déserts

Après de longues études de médecine qu'il termine avec brio, Jean-Louis Gerschtein choisit la médecine généraliste pour son aspect complet et pluridisciplinaire. Il ouvre alors son cabinet à Saint-Ouen en région parisienne. En 2011, il apprend que la région de La Roya, au cœur du Mercantour, est en passe de devenir un désert médical et qu'elle recherche un médecin généraliste. Il se rend alors dans ce territoire nouveau pour lui, qu'il apprécie tout particulièrement, et vend son cabinet parisien pour un euro symbolique avant d'aller s'installer là-bas.

Cependant, le jeune médecin est rapidement confronté aux conditions difficiles des milieux ruraux délaissés et des déserts médicaux. Les médecins partent au fur et à mesure à la retraite et ne sont pas remplacés. Il se retrouve alors à soigner une clientèle qui ne fait que grossir. Par ailleurs, il déclare lors d'interviews que son activité s'avère être très différente de celle qu'il pouvait avoir en milieu urbain. Ses patients ne viennent pas consulter pour les mêmes symptômes et ne font que rarement les examens prescrits par manque de moyens, de temps, mais aussi d'offres.

Ce problème mis en lumière, Jean-Louis commence à travailler sur un projet qui voit le jour en 2013. Il ouvre la maison de santé de La Roya, en collaboration avec l'hôpital public local. Cette institution gère et analyse le territoire pour orienter et répartir au mieux les patients, et œuvre pour redynamiser le territoire. Résultat : quelques années plus tard, sept médecins travaillent dans la région, guidés par la maison de la santé. Jean-Louis forme pour cela des jeunes à la médecine rurale, dans une volonté de créer de l'emploi tout en remédiant à la pénurie. Le dispositif de formation (DAC) et la communauté professionnelle territoriale de santé (CPTS) sont autant de dispositifs qui permettent de structurer le parcours de soin et d'organiser la réponse à des problématiques plus complexes.

En 2021, le dispositif, devenu exemplaire, est dupliqué à Menton, et il est également question d'un projet d'accueil et de gestion des urgences.

Jean-Louis Gerschtein, à travers son engagement et ses convictions, a réussi à relancer un territoire en souffrance, en utilisant une approche pluridisciplinaire et complète, allant de la géographie à la médecine. Car sauver nécessite aussi beaucoup de proximité.

HENRI LANGLOIS

Pour sauver la mémoire du cinéma

Né à Smyrne, dans l'Empire ottoman, en 1914, Henri Langlois doit quitter sa ville natale en septembre 1922 après un terrible incendie. Cette catastrophe qui le marque profondément intervient lors de la seconde guerre entre la Grèce et la Turquie et détruit l'essentiel de la cité portuaire, faisant plusieurs milliers de victimes, le feu et les massacres qui se sont ensuivis ayant ravagé maisons et quartiers.

Dans la nuit du 14 septembre, réfugié à bord de l'*Edgar-Quinet*, le jeune Henri Langlois, âgé de 8 ans, voit donc brûler sa ville natale et supplie un officier de prendre des photographies, pour emporter avec lui le souvenir de son enfance.

La Cinémathèque est née de ce devoir de mémoire d'un enfant tirant de cette expérience traumatisante une obsession qui sera son fil d'Ariane dans le labyrinthe du XXe siècle : celle de sauver les trésors de l'humanité, en l'espèce pour lui ses premiers films, de la destruction et de l'oubli.

Dès le lycée, il collectionne tout ce qui a trait au septième art : des revues aux photographies en passant par le projecteur Pathé-Baby dont son père lui a fait cadeau. En 1928, il prend conscience d'être tombé amoureux fou du cinéma alors qu'il découvre fasciné les films muets de l'expressionnisme allemand, de Buñuel, de Chaplin et d'Eisenstein.

C'est pour sauver ce cinéma muet menacé par l'arrivée du parlant qu'il se consacre au projet de sa vie : la création de la Cinémathèque. Inlassablement, il s'attache à sauvegarder, conserver et montrer les trésors du cinéma que menacent déjà d'ensevelir les œuvres toujours plus nombreuses de son actualité. Avec ses amis Georges Franju et Jean Mitry, il crée en 1935 le Cercle du cinéma, qui devient, dès l'année suivante, la Cinémathèque française.

C'est une véritable institution dédiée au cinéma muet et aux chefs-d'œuvre disparus des écrans, dans sa passion de conservateur du vivant, alors qu'à New York, Londres et Berlin de semblables lieux d'archives naissent.

Henri Langlois ne se cantonne pas aux seuls films, puisqu'il rassemble tout ce qui a trait à l'univers du cinéma, des tapuscrits de scénario aux affiches en passant par les éléments de décor.

Parce qu'il est viscéralement attaché à la liberté, qui a souvent meilleure mémoire que l'État, même démocratique, Henri Langlois s'émancipe souvent de la tutelle publique, qui lui reproche sa gestion approximative, au point même, en février 1968, de l'évincer de la direction de l'institution.

Les plus grands cinéastes du monde se mobilisent alors dans une sorte de répétition du printemps, et s'élèvent contre cette décision qui achève de faire d'Henri Langlois un héros, en lui permettant de conjuguer les deux charismes rares d'une estime universelle et d'une persécution finale.

Quand il meurt, en 1977, il laisse, outre cette exceptionnelle Cinémathèque, son musée du Cinéma où une collection foisonnante rend témoignage de cette vérité à laquelle il s'est consacré intégralement : le cinéma est un art majeur et doit être considéré, traité, protégé et promu comme tel.

S'il y a en tout héros une idée fixe, qu'elle illumine un instant ou l'intégralité d'une vie, alors Henri Langlois a sa place dans ce panthéon nécessairement subjectif de ceux qui ont cru et rendu possible de changer le monde.

OLIVIER CIAIS

Le permaculteur engagé

C'est un habitant de la région niçoise, professeur et père de famille, qui a fait le choix d'apporter sa pierre à l'édifice en ouvrant une école en plein air, axée sur la permaculture, c'est-à-dire le développement de cultures différentes les unes à côté des autres pour profiter des effets vertueux liés à leur synergie.

Pour lui, le contact avec la nature et le retour à des formes respectueuses de culture sont tant d'éléments propices sinon nécessaires au développement et à l'éducation des enfants. Mais comment arrive-t-il à ce constat ?

Très proche de son grand-père, ancien directeur d'école, Olivier Ciais admire son rapport à la vie, et notamment à la nature à travers l'entretien minutieux de son jardin.

Après des études classiques de commerce, Olivier est embauché en marketing sur le marché du football, l'une de ses premières passions depuis son plus jeune âge. Rapidement désabusé, il change complètement d'orientation et se reconvertit dans l'éducation, qui semble beaucoup mieux lui correspondre. Cependant, d'un tempérament entrepreneur, il trouve qu'il manque un élément à sa vie, la volonté et la capacité d'agir, à son échelle.

En 2004, il effectue un voyage initiatique en Inde, au cœur du massif de l'Himalaya. Il y découvre la grande nature, forte, magnifique et incontrôlée, et y rencontre des populations dont le lien avec cette dernière est tellement fort qu'il se situe à la source de toute réalité sociale et personnelle. Ce retour à la terre est un véritable bouleversement pour ce Français habitué à la nature bafouée et apprivoisée, dont la place ne cesse de se rétrécir.

Là-bas, il fréquente une école lamaïste qui lui donne des pistes sur le type d'enseignement qu'il souhaite dispenser. Il retient la notion de collectif intériorisée par ces enfants, dont l'unique but est de se tirer mutuellement vers le haut, les forces des uns étant les faiblesses des autres.

Cette expérience le fait réfléchir à la question de la permaculture, qui constitue en un sens la transposition de ce phénomène à l'échelle végétale, puisque les rejets de certaines plantes deviennent les ressources des autres. Ce type d'agriculture promeut les notions de lien et d'interaction, qu'il ne cesse de retrouver à chacun de ses questionnements.

En 2008, le rapport du GIEC produit en lui une nouvelle déflagration. Angoissé, stressé, au terme de son parcours initiatique de questionnement, Olivier veut agir. Il franchit finalement le pas à la naissance de son premier enfant, en 2012, ne voulant pas lui transmettre la peur d'un monde dénué de tout ancrage, et essayant de mettre au service de la société ce qui l'anime, ce qu'il sait faire, ce qu'il aime faire.

En 2015, il découvre le jardin du Petit Pessicart pour lequel il a immédiatement un coup de cœur. Il y ouvre sa Perma-école, en plein air, associée à la mise en place d'une permaculture réelle, au contact de laquelle les enfants s'épanouissent.

Son enseignement ne consiste pas à remettre en question les matières enseignées, mais la manière dont elles le sont. Il considère que l'ancrage territorial comme le contact avec la nature sont cruciaux pour l'apprentissage et le développement. Ainsi, à l'instar de certaines écoles des pays scandinaves, les enfants évoluent en plein air, même par temps de pluie ou de vent, munis des équipements nécessaires.

Cette école un peu spéciale s'avère avec quelques années de recul avoir été une bonne intuition de la part du Niçois : de vrais effets positifs ont été constatés sur les enfants scolarisés dans cet établissement, puisqu'ils semblent développer moins de carences et de problèmes de concentration.

SAPEURS-POMPIERS

Sauver et parfois périr

Des marins-pompiers de Marseille à la brigade des sapeurs-pompiers de Paris (BSPP), de volontaires à professionnels, de civils à militaires, les sapeurs-pompiers protègent du feu quand il cesse d'être ce bienfait dérobé aux dieux par Prométhée pour devenir puissance de destruction capable de faire partir en fumée le meilleur de l'homme, de ses souvenirs à ses espoirs en passant par le présent éternel de son désir. Évoluant à travers le temps, les sapeurs-pompiers sont ceux qui sapent, détruisent les édifices par la base pour limiter les flammes, empêchant ces dernières d'avancer ; puis ceux qui pompent l'eau pour la répandre face à la menace. Ils assurent aujourd'hui toutes sortes de travaux de soutien et d'aide aux personnes en danger.

Leur courage est à la source même de leur engagement. Ils y puisent la force de dépasser la peur, d'aller au-delà de la fatigue, de se transfigurer dans l'épreuve. Et ils reçoivent en retour l'hommage unanime de la population, qui voit en eux des héros lumineux, qu'aucune part d'ombre ne viendrait pouvoir destituer de l'estime générale.

Parce qu'ils sont tous par nature héroïques, il est difficile d'en choisir un au détriment des autres. Aussi est-il préférable, pour saluer la qualité de leur courage, de se tourner vers les indicateurs de sa quantité, qui sont plus éloquents qu'aucun discours. En 2021, les sapeurs-pompiers ont effectué près de 4 680 900 interventions, soit : 254 200 incendies, 4 055 900 secours d'urgence aux personnes, dont

288 300 accidents de circulation, 53 500 actions sur risques technologiques et 317 400 opérations diverses. Si l'on convertit ces chiffres à l'échelle du quotidien, nous trouvons 12 824 interventions par jour, soit une intervention toutes les 6,7 secondes, pour près de quatre millions de victimes prises en charge. La seule BSPP est intervenue plus de 500 000 fois.

Pour faire face à un danger constant, puisqu'immanent à la vie elle-même, les sapeurs-pompiers sont 252 700 dont 41 800 professionnels (17 %), 197 800 volontaires (78 %) et 13 200 militaires (5 %).

Le nombre de jeunes sapeurs-pompiers (JSP) est de 28 200. Il y a 48 204 femmes, soit une sapeur-pompier sur cinq.

Il existe aussi 700 forestiers-sapeurs répartis dans les conseils départementaux (Alpes-Maritimes, Ardèche, Bouches-du-Rhône, Corse-du-Sud, Haute-Corse, Hérault et Var).

À travers leurs noms inconnus du plus grand nombre, c'est au pompier familier que nous rendons hommage : à celui qui rassure autant qu'il sauve, et dont la devise pourrait être « l'héroïsme est un humanisme ».

Dix pompiers meurent en France tous les ans dans l'exercice de leurs missions. Des centaines sont blessés.

Secourir. « Courage et dévouement ». « Sauver ou périr ». Les sapeurs-pompiers œuvrent jour après jour pour leur prochain, sans distinction aucune.

SHEILA SULLIVAN

La chanteuse oubliée des « Civil Rights »

Née dans les années 1930, Sheila Sullivan devient rapidement chanteuse et actrice à Broadway. De nature ambitieuse et courageuse, en 1958, elle écrit au directeur de la société Convair, spécialisée dans l'aéronautique, afin de lui demander de la sélectionner pour piloter le premier vaisseau spatial de notre ère. Il refuse, mais intrigué par sa détermination, commence à la fréquenter. Ils finissent par se marier.

Concernée par les droits des Afro-Américains, elle joue d'abord la doublure du personnage principal dans la comédie musicale *Golden Boy* dont l'affiche placardée sur le Majestic Theater représente une réalité impensable et scandaleuse pour l'époque : un jeune homme noir embrassant une femme blanche. Cette affiche est d'ailleurs criblée de balles à la fin de l'année 1964.

Peu de temps après la sortie de la pièce, elle rencontre Martin Luther King, entourée de sa troupe, pour soutenir ce dernier dans sa troisième marche vers Montgomery. Le jour suivant, l'actrice principale chargée de jouer le rôle de la femme blanche dans *Golden Boy* tombe malade, et c'est à Sheila de la remplacer, tâche à laquelle elle s'emploie avec grand succès. Elle contribue ainsi par sa popularité à la défense de la cause des droits civiques et à l'adoption par le Congrès du Voting Rights Act en 1965, qui interdit les discriminations raciales dans l'exercice du droit de vote.

Elle tourne plusieurs films, comme *Hickey et Boggs* (1972) ou *Give me Liberty* (1974), et disparaît de la vie publique, jusqu'en 2023. Cette année-là elle se voit demander de quitter son appartement, dans lequel elle habitait depuis plus de quarante ans. Grâce à l'intervention de sa voisine journaliste, l'histoire s'ébruite et l'opinion publique se mobilise pour que l'ordre d'expulsion soit annulé : par une sorte de « retour de karma », l'énergie que Sheila avait su consacrer à la défense de ses prochains lui a donc été retournée.

C'est également ainsi qu'on reconnaît l'héroïsme : aux futurs héros qu'il suscite.

PROTECTION CIVILE et **SÉCURITÉ CIVILE**

Aider, secourir, former

Créé en 1958, le Service national de la protection civile, association agréée, devient en 1965, sous l'impulsion du général de Gaulle, la Fédération nationale de la protection civile.

Elle a pour objet de mettre en œuvre tous les moyens dont elle dispose en vue d'assurer la protection des populations civiles en temps de paix comme en temps de crise ou de guerre et déploie ses effectifs en complément des services de sécurité civile.

En son sein, plus de 30 000 bénévoles répartis sur 500 implantations locales interviennent autour de trois grandes missions : aider, secourir et former.

La Sécurité civile, avec laquelle on confond souvent l'association précédente, est une entité publique. Elle emploie environ 3 000 personnels civils et militaires, parmi lesquels les 1 400 sapeurs-sauveteurs des unités d'instruction et d'intervention de la Sécurité civile (UIISC), commandés par un colonel de l'armée de terre, participent également aux actions internationales.

Rattachée au ministère de l'Intérieur, la Direction générale de la sécurité civile et de la gestion des crises (DGSCGC) a été créée le 7 septembre 2011, succédant lointainement à la Direction de la défense passive de 1935.

Cette Sécurité civile est donc la structure centrale responsable de la gestion des risques en France, qu'il s'agisse des accidents de la vie courante ou des catastrophes majeures.

Elle dispose de vingt-trois bases d'hélicoptères situées en métropole, Guadeloupe, Martinique, Guyane, ainsi que de cinq bases d'hélicoptères en détachement saisonnier.

Chaque année, les hélicoptères de la Sécurité civile – appelés les dragons – effectuent environ 20 000 missions de secours et 25 000 treuillages. La flotte est composée de trente-sept appareils en plein renouvellement à partir de 2024. Le groupement des moyens aériens de la Sécurité civile dispose aussi d'une flotte de vingt et un bombardiers d'eau vieillissants et de trois avions de liaison et d'investigation. Quinze locations permettent d'attendre un grand programme européen de rééquipement aérien qui ne pourra produire ses premiers effets qu'en 2028.

Répartis dans vingt-sept centres de déminage et une école de déminage, les quelque trois cents démineurs de la Sécurité civile, dont le premier directeur fut Raymond Aubrac, galvanisés par l'audacieuse devise « Réussir ou périr », sont autant de héros du présent dont le courage est manifeste à l'occasion de chacune de leurs interventions. Exégèse de la devise qui précède, leur adage bien connu, « La première erreur est souvent la dernière », illustre le danger qu'ils affrontent en permanence et la profession n'a perdu rien de moins que six cents agents depuis 1946.

Déterminants sur terre et en mer, il désamorcent régulièrement les mines et explosifs qui ont parsemé notre planète au fil du progrès technique et des guerres, et leur tâche, immense, si l'on pense aux conflits sans cesse plus nombreux qui éclatent dans le monde, a des airs de tonneau des Danaïdes...

À titre d'exemple, il reste encore près de 700 000 munitions sous l'eau datant de la Seconde Guerre mondiale. Le nettoyage total de ces fonds marins et la décontamination des champs truffés d'obus, opérations qui concentrent l'essentiel de leurs efforts, loin devant les attentats de terroristes ceinturés ou les colis piégés, devraient ainsi prendre encore plus d'un siècle. Le conflit ukrainien vient brutalement de rappeler que l'usage des mines ou des sous-munitions reste d'actualité en période de conflit.

La reconnaissance du sang-froid et du sens du service qui leur sont nécessaires à chaque instant n'intervient hélas souvent qu'à l'issue de l'opération ratée qui, plus bruyante et spectaculaire qu'une réussite, sert de validation pour officialiser les héros. Un peu à l'image des saints, bien plus nombreux que les seuls cas reconnus et dûment canonisés...

En 2024, un Beauvau de la Sécurité civile a été lancé, vingt ans après la première loi de modernisation. Il était temps...

ABEILLES INTERNATIONAL

Les remorqueurs au grand cœur

Il n'est pas si facile de tomber amoureux d'un remorqueur. Et pourtant...

Le 16 mars 1978, le navire pétrolier *Amoco Cadiz* se fracasse sur les côtes du Finistère, face au village de Portsall. En quelques heures, plus de 200 000 tonnes de pétrole brut s'échappent des cuves du bateau. Pendant les jours et les semaines qui suivent, près de 60 000 tonnes de brut s'échouent sur les plages et les roches bretonnes, générant une gigantesque pollution, décimant oiseaux marins, poissons et crustacés.

En réponse à cette catastrophe, l'État décide d'équiper la France d'une flotte de remorqueurs de haute mer capables de venir au secours des énormes tankers naviguant au large de nos côtes. La compagnie de remorquage et de sauvetage des Abeilles, créée par Charles-Louis Walter en 1864 au Havre et forte de sa longue expérience, est chargée de cette mission.

Depuis cette date, quatre Abeilles, dont trois en poste sur la côte Atlantique, veillent jour et nuit sur le littoral français : l'*Abeille Normandie*, inaugurée en 2022, la plus puissante de la flotte avec ses 25 000 chevaux et sa vitesse maximale de 18 nœuds, mesurant 91 mètres de long et pouvant recueillir jusqu'à 700 naufragés, à Boulogne-sur-Mer ; l'*Abeille Liberté* à Cherbourg ; l'*Abeille Bourbon* à Brest ; et l'*Abeille*

Méditerranée, sœur jumelle de l'*Abeille Normandie,* à Toulon. L'*Abeille Flandre* et l'*Abeille Languedoc* ont désormais pris leur retraite.

Chaque année, les équipages des Abeilles apportent aide et assistance à des dizaines de navires en difficulté, sauvant des vies menacées par le naufrage, épargnant les côtes de déversements toxiques. Autant de drames évités dont personne ne parlera, puisqu'ils ne se sont pas produits, mais qui n'en sont pas moins d'authentiques actes de courage quotidiens.

NATHALIE MASSEGLIA

La clown solidaire

Fille d'un militant communiste peu enclin aux compromis, Nathalie Masseglia, surnommée Staline par ses camarades de classe, a toujours su qu'elle était appelée à s'engager. Mais sa vocation ne lui est pas venue immédiatement.

Après son bac, elle se lance dans des études d'histoire et pense se destiner à l'enseignement, auquel elle renonce au bout de deux années pour se consacrer pleinement au théâtre qu'elle pratique depuis des années déjà.

Progressivement, elle parvient à s'imposer dans des troupes locales et, tout en élargissant ses talents, en explorant par exemple le monde des marionnettes, elle obtient le statut d'intermittente du spectacle. Sa rencontre avec Olivier Debos est un tournant dans sa vie artistique mais aussi personnelle puisqu'elle lui permet de « découvrir son clown » et de choisir résolument son combat : la transmission, l'épanouissement culturel, la promotion du lien social en milieu rural ; et ses armes, ce sont celles du personnage qu'elle construit et qui la conduit à sortir du théâtre institutionnel.

Nathalie apprend le métier de clown qui la passionne, et fonde en 2000 sa propre compagnie, L'Arpette, dont la renommée s'établira quelques années plus tard dans la région montagneuse de La Roya où elle s'installe. L'année 2004 marque la naissance du personnage de Mazarine, qui lui colle à la peau et lui offre une formidable tribune pour aborder sous le masque de l'autodérision, voire du ridicule, des sujets de société sous un prisme toujours local.

Elle s'investit particulièrement dans un projet de programmation de spectacles inspiré des associations pour la maintien d'une agriculture paysanne (AMAP), qui permet aux habitants de la vallée de produire, d'acheter et d'accueillir des spectacles contemporains.

Aujourd'hui, Nathalie porte ses efforts auprès des personnes handicapées, du troisième âge et des jeunes en situation d'abandon. Ces différents groupes sont invités à se fréquenter et chaque action menée est une occasion de lutter au service de l'inclusion.

Même si elle reconnaît l'existence de nombreux obstacles à son désir de répondre à l'isolement par la solidarité, Nathalie ne baisse pas les bras et poursuit sa lutte, confiante dans ses pouvoirs de clown.

IGNAZ SEMMELWEISS

Le sauveur des maternités

Ignaz Semmelweis, né le 1er juillet 1818 à Buda, aujourd'hui Budapest, et décédé le 13 août 1865 à Vienne, est le médecin hongrois qui a introduit l'antisepsie dans la pratique médicale.

Formé aux universités de Pest et de Vienne, Semmelweis obtient son doctorat en 1844 et est nommé assistant à la clinique obstétrique de Vienne. Il s'intéresse rapidement au problème de l'infection puerpérale, fléau des maternités de toute l'Europe. Bien que la plupart des femmes accouchent à domicile, celles qui doivent être hospitalisées en raison de la pauvreté, de l'illégitimité ou de complications obstétricales connaissent des taux de mortalité allant jusqu'à 30 %.

Certains pensent que l'infection est due au surpeuplement, à une mauvaise ventilation, au début de la lactation ou aux miasmes. Semmelweis entreprend d'en rechercher la cause malgré les fortes objections de son chef de clinique.

Semmelweis observe que, parmi les femmes de la première division de la clinique où interviennent des étudiants en médecine en formation, le taux de mortalité dû à la fièvre puerpérale est trois fois plus élevé que parmi celles de la deuxième division, réservée aux sages-femmes. Il en conclut que les étudiants qui passaient souvent directement de la salle de dissection à la maternité transmettaient l'infection des décédés. Il ordonne aux étudiants de se laver les mains dans une solution de chaux chlorée avant chaque examen.

Grâce à ces mesures, le taux de mortalité dans la première division s'effondre et, en mars et en août 1848, aucune femme ne meurt en couches dans son service. Les jeunes médecins de Vienne reconnaissent l'importance de la découverte de Semmelweis et lui apportent leur aide. Son supérieur, en revanche, se montre critique et hostile.

En 1849, Semmelweis est démis de ses fonctions à la clinique. Il pose alors sa candidature à un poste d'enseignant à l'université, mais sa demande est rejetée. Peu après, il donne avec succès une conférence à la Société médicale de Vienne intitulée « L'origine de la fièvre puerpérale ». Il quitte Vienne en 1850.

En 1855, il est nommé professeur à l'université de Pest. Ses idées sont reconnues en Hongrie et le gouvernement adresse une circulaire à toutes les autorités locales pour leur demander d'introduire ses méthodes prophylactiques. Vienne lui reste hostile et le rédacteur en chef du principal journal médical de la capitale de l'Empire austro-hongrois écrit qu'il est temps de mettre fin aux absurdités concernant le lavage des mains au chlore.

En 1861, Semmelweis publie son principal ouvrage, *L'Étiot logie, le concept et la prophylaxie de la fièvre du lit de l'enfant*. Il l'envoie à tous les obstétriciens éminents et à toutes les sociétés médicales à l'étranger, mais la réaction générale est défavorable. La santé mentale de Semmelweis se détériore. Les années de controverse ont progressivement miné son esprit et il souffre de graves dépressions. En 1865, son comportement devenant de plus en plus erratique, il est interné à l'asile où il est battu par le personnel et meurt deux semaines plus tard.

La doctrine de Semmelweis a ensuite été acceptée par la science médicale. Joseph Lister, le père de l'antisepsie moderne, a salué son influence sur le développement de la connaissance et de la lutte contre l'infection.

Ironie de l'histoire, c'est Louis-Ferdinand Céline qui en 1924 soutient sa thèse de médecine à Paris sur le cas Semmelweis et permet un début de réhabilitation posthume. Ce texte préfigure son génie littéraire : « La forme n'a pas d'importance, c'est le fond qui compte. Il est riche à souhait, je suppose. Il nous démontre le danger de vouloir trop de bien aux hommes. C'est une vieille leçon toujours jeune. Supposez qu'aujourd'hui, de même, il survienne un autre innocent qui se mette à guérir le cancer. Il ne sait pas quel genre de musique on lui ferait tout de suite danser ! [...] Rien n'est gratuit en ce bas monde. Tout s'expie, le bien, comme le mal, se paie tôt ou tard. Le bien, c'est beaucoup plus cher, forcément[20]. »

20. Préface à l'édition de 1936.

MUSICIENS DU *TITANIC*

Jazz, gospel et courage

On ne présente plus l'orchestre du *Titanic* qui, constitué pour accompagner la croisière du célèbre transatlantique lors de son premier voyage en 1912, sombre avec le reste de l'équipage et des passagers dans la nuit du 14 au 15 avril. Pourtant, le collectif a fini par primer dans les mémoires, et les identités de chacun des hommes qui avaient contribué à la légende du naufrage ont été progressivement effacées. Cet ensemble était dirigé par Wallace Hartley et comprenait Theodore Brailey, John Hume, Percy Taylor, Frederick Clarke, John Woodward, Roger Bricoux et Georges Krins.

Tous étaient britanniques, à l'exception du Français Bricoux et du Belge Krins, et avaient déjà, dans un contexte d'explosion des croisières et de professionnalisation des orchestres pour y jouer, une carrière bien avancée, étant passés par de prestigieux ensembles. Durant la traversée, ils forment un quintette et un trio. Les témoignages des survivants indiquent que leur présence est particulièrement appréciée des passagers.

Le chef de la formation musicale, Wallace Hartley, est violoniste depuis sa plus tendre enfance et a déjà joué avant son ultime traversée sur le *Lusitania*. À cette occasion, il s'est rapproché du violoniste Ernest Drakeford qui a par la suite refusé sa proposition de rejoindre l'orchestre du *Titanic* et… a échappé trois années plus tard au naufrage du *Lusitania*…

Roger Bricoux est violoncelliste et, après des études de musique, a l'habitude de jouer dans de grands hôtels.

William Theodore « Theo » Brailey est le fils de William « Ronald » Brailey, figure du spiritualisme de l'époque. Après avoir manifesté des dispositions pour le piano, il rejoint le régiment du Royal Lancashire Fusiliers en 1902 et s'y engage pour douze ans comme musicien avant de retourner en Angleterre pour parachever sa formation. C'est lors d'une croisière sur le *Carpathia* qu'il rencontre Roger Bricoux.

John Wesley Woodward passe son enfance dans une famille de musiciens de Birmingham. Il s'illustre notamment au violoncelle et découvre vite le profit qu'il peut tirer de ce talent pour voyager. Mis en contact avec l'agence des frères Black, spécialisée dans le recrutement d'orchestres pour les croisières de luxe, et ravi de pouvoir miser sur l'impressionnante campagne de communication entreprise pour le premier voyage du bateau considéré comme insubmersible, il a déjà joué lui aussi sur plusieurs bâtiments.

John Law Hume, surnommé « Jock » par ses collègues et amis, est écossais, violoniste émérite. Également élevé dans une famille musicienne, il se distingue par son tempérament joyeux. Il est déjà habitué aux orchestres de paquebots lorsqu'il décide de rejoindre le *Titanic* : sa petite amie est alors enceinte et il décide qu'ils se marieront à son retour. Il a emporté avec lui deux violons de collection qui seront considérés par sa famille comme une perte immense.

Georges Alexandre Krins naît à Paris et apprend le violon au Conservatoire avant de travailler pour de grands hôtels parisiens et londoniens, notamment le Ritz de Piccadilly. Passionné par l'épopée napoléonienne, il cherche à s'engager dans l'armée mais sa famille l'incite à choisir la marine marchande. Le *Titanic* est sa première affectation en mer.

Percy Cornelius Taylor a grandi à Londres. On connaît peu de choses sur sa vie, hormis un mariage raté qui est peut-être à l'origine de sa décision de s'engager sur le *Titanic* où il joue du violoncelle et du piano.

Enfin, John Frederick Preston Clarke, de Manchester, est le contrebassiste. Il est notamment connu pour avoir joué à l'occasion du couronnement du roi George V. Embarquant sur le *Titanic* comme musicien, il se rend aux États-Unis pour gérer l'héritage de son père qui vient d'y mourir.

Lorsqu'il devient évident que le bateau a heurté un iceberg, la nuit du drame, l'ordre est donné vers minuit et quart aux musiciens de se réunir et de jouer dans le salon de première classe, puis dans le grand escalier pour éviter la propagation d'une panique qui pourrait nuire aux opérations de sécurité. Alors que les passagers se rassemblent progressivement sur le pont pour rejoindre les canots de sauvetage, l'orchestre se déplace également et continue de les accompagner musicalement, contribuant à maintenir un certain calme pendant le chargement des embarcations de secours.

Les témoignages s'accordent globalement pour dire que la musique a retenti jusqu'à 2 heures du matin, après quoi la pente du bâtiment ne permettait manifestement plus de garder son équilibre. Après quelques morceaux de jazz, le dernier morceau interprété semble avoir été *Plus près de toi, mon Dieu*. Les huit musiciens ont péri dans le naufrage.

Les funérailles de ces hommes très vite considérés comme des héros ont été suivies par un public nombreux (30 000 personnes rassemblées aux obsèques de Wallace Hartley) et ont précédé l'érection de plusieurs monuments commémoratifs comme le Titanic Musician's Memorial, inauguré en 1913 dans la bibliothèque de Southampton, ou encore la plaque installée dans le Philarmonic Hall de Liverpool. Roger Bricoux a également, depuis 2000, sa plaque commémorative à Cosne-sur-Loire où il est né.

Le courage des huit musiciens a été célébré à l'occasion de concerts, comme celui donné le 9 mai 1912 à l'Apollo Club de Brooklyn pour venir en aide à leurs familles, ou celui du 24 mai au Royal Albert Hall de Londres en présence de 10 000 spectateurs. L'orchestre du *Titanic* est devenu, dans la littérature et plus encore au cinéma, le symbole du courage résolu devant l'inéluctable.

GUILHEM et **FRANÇOIS-XAVIER PATOULACHIE**

Le lien solidaire

Guilhem et François-Xavier Patoulachie sont nés en 1993 et 1995 à Marseille au sein d'une fratrie de six enfants, ils ont écumé la France durant des années pour suivre un père employé d'un groupe électrique lui imposant des mutations professionnelles fréquentes. Pour pallier ce déracinement, la famille s'attache à la maison de vacances située à Cotignac, au cœur de la Provence verte.

C'est donc vers le sud que le vent porte les deux frères qui reviennent à Marseille et s'y installent au terme de leurs études, l'un pour se lancer dans le commerce, l'autre comme ingénieur du son. Ces dispositions leur permettent de continuer à se rendre chaque week-end à Cotignac.

Assoiffés d'aventure, ils décident cependant de visiter un temps le vaste monde et Guilhem s'envole pour sept mois à Malte comme gestionnaire bénévole d'une oliveraie dans le cadre du service volontaire européen, tandis que « FX » se rend en Angleterre. Ces expériences sont, pour chacun des frères, l'occasion de faire converger leurs trajectoires puisque c'est au cours de ces échappées qu'ils prennent conscience de leur attachement aux questions environnementales et à la terre en général... et au terroir de Cotignac en particulier.

C'est là qu'ils se posent et entreprennent de se former, à l'aide d'un vigneron local et d'un détour par le brevet professionnel de maraîchage pour l'un, et de viticulture pour l'autre, afin de mener à bien le projet qui leur tient à cœur. À partir de 2016, ils montent ainsi leur exploitation en mettant à profit des espaces prêtés pour mettre en œuvre des techniques comme la permaculture.

L'originalité de la démarche attise vite les curiosités et le terrain de Carcès, situé en bord de route, devient un lieu d'échanges et de rencontres. FX et Guilhem cultivent alors aussi bien la terre que la sociabilité et fondent une association, T'es Patou seul, et un festival d'été, Le Champ à l'assiette, qui réunit plusieurs centaines de personnes au bout de quelques années.

Leurs forces sont bientôt augmentées avec l'arrivée d'un ami scout, éducateur de formation, qui donne une couleur encore plus sociale au projet : c'est ainsi que des publics ciblés, comme des mineurs non accompagnés aux parcours migratoires complexes et traumatisants ou des personnes porteuses de handicap, peuvent progressivement venir à Cotignac travailler la terre et retrouver le goût et le sens des choses simples. Les frères, décidés à sécuriser le dispositif, créent également un groupement foncier agricole impliquant la famille et les amis : avec des placements citoyens, ils parviennent à racheter le foncier et inaugurent un modèle convivial de propriété horizontale et collégiale.

Toujours débordants d'idées et de projets, ils persévèrent dans leur volonté tout héroïque de transformer le monde par le bas, par le lien solidaire, en toute simplicité.

PGHM

Sauveteurs de haute montagne. Le courage et l'abnégation

La montagne est parfois un espace inhospitalier, peu propice à l'installation des humains qui s'accommodent davantage des plaines et littoraux. À la fois terrifiantes et fascinantes, les pentes escarpées sont depuis toujours des lieux mystérieux pour les poètes qui en font le cadre privilégié des rencontres des mortels avec les immortels, le point d'intersection entre l'ordre naturel et l'ordre surnaturel, entre le profane et le sacré.

De ces rendez-vous dangereux naissent des enfants que l'on abrite aisément dans des recoins inaccessibles où ils grandissent en force pour mieux réinvestir par la suite le monde du commun des mortels. Inspirés par le relief montagneux et ses conditions climatiques extrêmes, bien des récits insistent sur les qualités héroïques nécessaires à qui veut s'adapter à de telles difficultés pour se rapprocher des cieux et des dieux.

Au XVe siècle, les bergers et chasseurs des hautes vallées, appelés les « marrons », eu égard au bâton qui leur servait à sonder la neige, servent de guides aux « étrangers ».

Le premier groupement de secouristes officiel est inauguré en 1897 à Annemasse, sur la base du volontariat. Les bonnes âmes organisent notamment un « tour de garde du dimanche » dans les massifs pour secourir les imprudents, inexpérimentés ou malchanceux. Mais la démocratisation de l'alpinisme et de la randonnée change la donne et contraint les « sachants » de la montagne à se professionnaliser. Le drame qui aboutit, en 1956, à la lente agonie de deux jeunes alpinistes, François Henry et Jean Vincendon, bloqués dix jours durant à cause d'une violente tempête, donne une visibilité nouvelle au secours en haute montagne et décide l'État à assumer la charge de l'assistance.

C'est ainsi qu'en 1958, une circulaire met en place la gratuité et l'organisation des secours par des spécialistes formés à cette tâche. Cette compétence est dite exclusive pour le peloton de gendarmerie de haute montagne (PGHM) sur le massif du Mont-Blanc, en Ariège et à La Réunion, d'alternance entre PGHM et compagnie républicaine de sécurité (CRS) ou de mixité comme en Haute-Savoie où PGHM et groupe montagne des sapeurs-pompiers (GMSP) assurent des permanences ensemble.

La composante « montagne » de la gendarmerie nationale compte 360 personnels civils et militaires dont 125 sont guides de haute montagne. Ils sont répartis dans vingt et un pelotons de gendarmerie de haute montagne (PGHM). Par ailleurs, près de 500 gendarmes disposés en dix-neuf groupes montagne gendarmerie (GMG) viennent en soutien aux PGHM, ainsi qu'un réseau fort de 6 500 personnels au sein de plus de deux cents brigades territoriales de la gendarmerie départementale, une cinquantaine de pelotons de surveillance et d'intervention de la gendarmerie, une trentaine d'unités de recherche intervenant en tant que police judiciaire et onze escadrons spécialisés de la gendarmerie mobile situés près des principaux massifs montagneux.

Ce déploiement est essentiel dans des espaces à haut risque, où les secouristes doivent parfois mettre leur vie en péril, notamment entre juin et septembre, pour se porter au secours de près de 8 000 personnes par an en moyenne. Le dispositif le plus fréquent consiste à envoyer une équipe de cinq personnes héliportées, capables de se mettre en mouvement en dix minutes pour une intervention moyenne de trente minutes.

Indépendamment du débat qui voit les détracteurs de ce système coûteux pour la collectivité appeler à la responsabilisation des alpinistes ou des randonneurs, personne ne peut ignorer le courage et l'abnégation de ces amoureux de la montagne, capables de lier l'attraction fatale qu'ils continuent de subir et la détermination jamais entamée de lui soustraire un maximum de proies.

Depuis 1958, plus de cinquante gendarmes ont trouvé la mort en service commandé lors d'opérations de sauvetage, en missions de surveillance ou au cours d'entraînements en montagne. Trois ont péri en 2023 dans le Mont-Blanc et Thomas Binder a perdu la vie en 2024 dans les Vosges.

Le 1er juillet 2023, l'association Sébio solidarité secours en montagne (Sébio SSM) célébrait son dixième anniversaire. Créée en 2013 au Centre national de ski et d'alpinisme de la gendarmerie (CNISAG), à Chamonix, après le décès de six militaires, en vue d'aider les familles de gendarmes disparus en montagne, elle compte plus de trois cents adhérents et s'illustre en menant de nombreuses actions de solidarité.

FRANCES GLESNER LEE

La criminologue des miniatures

Frances Glessner Lee est née en 1878 à Chicago, dans le luxe de l'âge d'or. Bien que la science médico-légale ait connu de nombreuses innovations au cours des siècles passés, peu de femmes ont été reconnues pour avoir fait progresser ce domaine. Frances Glessner Lee constitue une exception.

Elle a été éduquée à la maison par des professeurs particuliers et a appris les arts domestiques de la décoration d'intérieur, de la métallurgie, de la couture, du tricot, du crochet, de la broderie et de la peinture auprès des femmes de sa famille. Mais elle souhaitait étudier le droit ou la médecine, à l'opposé des convictions de ses parents, qui ont refusé de lui permettre de fréquenter une université. Au lieu de cela, elle a épousé à 19 ans Blewett Lee, un avocat prometteur. Ce mariage a donné naissance à trois enfants, mais s'est soldé par une longue séparation et un divorce en 1914. Elle ne s'est jamais remariée.

Pour meubler son temps libre, Fanny apprend à fabriquer des miniature. La première miniature qu'elle réalise seule est achevée en 1913, comme cadeau d'anniversaire à sa mère. Lee a recréé l'Orchestre symphonique de Chicago dans les moindres détails. Le modèle comprend 90 musiciens, leurs instruments, des partitions, des pupitres et des étuis à instruments. Elle a terminé la maquette en deux mois.

Elle commence à s'intéresser au crime à la quarantaine. Elle est intriguée par les mystères racontés par le grand ami de son frère, George Burgess Magrath, futur médecin légiste à Boston. Il la régale d'histoires de crimes réels qu'il a aidé à résoudre.

Après la mort de ses parents dans les années 1930, elle hérite de son patrimoine et crée un département de médecine légale à Harvard, notamment la George Burgess Magrath Library of Legal Medicine, et finance la création d'une chaire pour son ami. En 1936, Harvard a déjà bien progressé dans la formation des médecins légistes. Cependant, les morts violentes ne sont toujours pas résolues parce que les forces de l'ordre ne savent pas comment identifier les preuves pertinentes, et encore moins gérer efficacement les scènes de crime. Elle inaugure en 1945 les séminaires de Harvard sur les enquêtes criminelles, durant une semaine spécialement conçue pour répondre aux besoins d'une trentaine d'investigateurs.

Elle invite des experts à donner des conférences sur toutes les questions relatives aux enquêtes sur les décès, y compris l'identification des victimes, la détermination de l'heure du décès, le rôle joué par les informations dans une enquête et les techniques d'interrogatoire. À l'issue de la formation, chaque diplômé fait partie d'un réseau plus large d'enquêteurs.

Elle s'intéresse particulièrement à la formation des officiers de police car, en tant que premiers à arriver sur les lieux d'un crime, ils doivent reconnaître et préserver les preuves essentielles à la résolution de l'affaire. À l'époque, la plupart des policiers bâclent les affaires par inadvertance en touchant, déplaçant ou n'identifiant pas les preuves. Lee est également très intéressée par une meilleure intégration du travail et de la communication entre les experts médicaux, les officiers de police, les enquêteurs médico-légaux et les procureurs.

Même avec les séminaires, la formation pratique des enquêteurs est impossible en raison des contraintes de temps, des problèmes de confidentialité et de l'improbabilité qu'un crime violent se produise pendant le séminaire d'une semaine.

Convaincue par la théorie que les crimes peuvent être résolus par une analyse détaillée des preuves matérielles et forte de son expérience dans la création de miniatures, Frances Glessner Lee construit une série de dioramas de scènes de crime, qu'elle appelle *The Nutshell Studies of Unexplained Death* (Études en résumé sur les morts inexpliquées).

Pour créer ses scènes de crime miniatures, elle mélange souvent les détails de plusieurs histoires vraies, embellissant les faits ici et modifiant les détails là. Elle mène des recherches sur ses crimes en utilisant des articles de journaux et des entretiens avec des policiers et des employés de la morgue.

Sur une échelle de quelques centimètres, elle présente des suicides réels comme des morts accidentelles, des accidents comme des homicides et des homicides comme des suicides potentiels. Elle utilise même des morts fictives pour illustrer ses théories.

Elle commence la construction de sa première scène de crime en 1943. Il lui faut trois mois pour assembler « *The Case of the Hanging Farmer* » (Le cas du fermier pendu). Les détails de chaque modèle sont stupéfiants. Les lumières fonctionnent, les armoires s'ouvrent pour révéler du vrai linge, les fouets battent et les rouleaux à pâtisserie roulent. Elle a tricoté ou cousu tous les vêtements que porte chaque poupée : un travail si ardu qu'elle ne pouvait tricoter que plusieurs rangs à la fois. Elle a peint, dans les moindres détails, chaque étiquette, chaque signe et chaque calendrier.

Elle produit une vingtaine de miniatures durant sa carrière. Depuis 2020, ils sont exposés dans l'immeuble du Maryland Office of the Chief Medical Examiner à Baltimore, et restent parfois utilisés lors du séminaire annuel rebaptisé le Frances Glessner Lee Homicide Investigation Seminar.

Frances Glessner Lee est nommée capitaine honoraire de la police de l'État du New Hampshire en 1943, première femme aux États-Unis à atteindre ce rang.

SNSM

Les sauveteurs en mer

Derrière le célèbre symbole de l'ancre blanche au centre d'une bouée jaune, on trouve une devise, une résolution. « Pour que l'eau salée n'ait jamais le goût des larmes », telle est la règle que se donnent les membres de l'association d'utilité publique de la Société nationale de sauvetage en mer (SNSM). Née en 1967 de la fusion de plusieurs entités existantes dès la fin du XIXe siècle, elle est aujourd'hui la seule responsable des sauvetages en mer, et de la surveillance des littoraux français, en métropole et en outre-mer. Elle est principalement financée par dons et legs, mais aussi grâce à du mécénat et à des partenaires privés.

Ses principales missions sont les suivantes : sauvetage au large, formation des nageurs sauveteurs, prévention du risque nautique.

Le sauvetage au large représente une très grosse partie des activités de la SNSM, puisqu'on compte environ quatre cents morts chaque année en mer. Pour remédier à cela, un numéro d'urgence (le 196), ainsi qu'une fréquence radio (le canal 16) sont créés. Tous les bateaux ou embarcations en danger peuvent les appeler en cas de besoin. Les appels sont réceptionnés par les centres régionaux opérationnels de surveillance et de sauvetage (CROSS) qui déploient ensuite une équipe de la SNSM, à partir de l'un des deux cents et quelques postes de surveillance qui longent le littoral. On compte cinq CROSS en France métropolitaine, deux en outre-mer, et ils dépendent de la direction des affaires maritimes du ministère de l'Écologie, du Développement durable et de l'Énergie. Le délai moyen d'appareillage par la SNSM après appel au CROSS est d'environ quinze minutes, et les équipements mis à disposition vont du jet-ski aux vedettes, en passant par des canots de sauvetage. Quelquefois également, les équipes de sauvetage peuvent être assistées par des appareils aériens. Avec tout cela, la SNSM reste aujourd'hui le premier armateur français avec plus de 800 entités opérationnelles. L'équipement se fait localement selon l'emplacement des centres de surveillance.

Ces sauvetages s'avèrent souvent héroïques, avec des bénévoles qui mettent leur vie en péril pour sauver et protéger la population. En 2019, lors de la tempête Miguel, le canot SNS061, *Jacques Morisseau*, est appareillé dans le cadre d'une mission de sauvetage d'un pêcheur. Pendant le voyage jusqu'à la frêle embarcation, une vague très puissante casse les vitres du bateau. Ce dernier prend alors l'eau, tuant les trois sauveteurs (Yann Chagnolleau, Alain Guibert, Dimitri Moulic) ainsi que le pêcheur (Tony Guibert).

La deuxième attribution des SNSM est la formation et le déploiement de nageurs sauveteurs, chargés de surveiller les littoraux, et de secourir les personnes en danger sur les plages, ou au bord de l'eau. On compte aujourd'hui en France près de 1 500 nageurs sauveteurs, bénévoles qui ont suivi plus de trois cents heures de formation et qui sont formés par d'autres bénévoles de la SNSM.

La dernière mission de l'association est la prévention du risque nautique, avec de nombreuses campagnes, formations, et animations ayant pour but de sensibiliser les populations pas toujours avisées du risque nautique. La SNSM agit à la source du problème afin de minimiser les accidents et les besoins d'intervention. On peut dire aujourd'hui que c'est l'une des belles réussites de l'association, puisque, lors de la tempête Ciaran en 2023, on recensera très peu d'interventions en mer grâce à une prévention efficace.

La SNSM est donc une association indispensable à la protection des côtes françaises, dont les membres, bénévoles au comportement souvent héroïque, sauvent chaque jour leurs concitoyens de la mort, au péril de leur propre vie. La preuve en est que, même le jour de Noël, en 2022, trois bénévoles abandonnent leur famille pour porter secours à deux personnes tombées à la mer près de Quiberon.

C'est un engagement personnel de chaque jour, de chaque instant.

ADA LOVELACE

De la poésie à l'informatique

Fille unique du poète anglais lord Byron, Ada Lovelace naît à Londres en 1815 et grandit dans un Empire britannique en plein essor entre projection mondiale et nombreuses inventions.

Dans le grand récit de l'évolution technologique, le nom de Ada Lovelace ne résonne peut-être pas très fort, mais dans les couloirs silencieux de l'innovation, il retentit comme celui de l'une des pionnières de l'ère numérique. Ada est en effet une figure emblématique de l'informatique au XIXe siècle ayant su porter des idées avec une détermination inébranlable.

Élevée dans un environnement propice à sa curiosité insatiable, Ada navigue brillamment à travers les domaines des mathématiques, de la chimie, de la biologie et de la physique. Fascinée par les chiffres et leurs applications potentielles, elle donne le coup d'envoi de la quête de sa vie : redéfinir les limites du possible.

Jeune et prometteuse, Ada rencontre à 16 ans Mary Somerville avec qui elle se lie d'amitié. Mary, chercheuse reconnue, devient sa tutrice dans les sciences mathématiques. Elle l'introduit au monde scientifique où elle lui offre l'opportunité de rencontrer de nombreuses personnalités, dont Charles Babbage, en 1833.

Malgré une véritable passion et un talent réel pour les mathématiques, Ada s'écarte quelque temps de sa vocation à cause de ses nombreux problèmes de santé, qui apparaissent à la suite de son mariage avec le comte de Lovelace, Sir William King, en 1835. Ensemble, ils ont trois enfants entre 1836 et 1839. Au terme de ses grossesses, Ada reprend les études et demande à Charles Babbage de lui trouver un tuteur. Il lui recommande l'un de ses amis : Auguste de Morgan.

Grâce à sa maîtrise du français, Ada saisit l'opportunité de traduire en anglais un article décrivant la machine analytique de Babbage dans un journal suisse. Elle s'attelle à la tâche en octobre 1842 et reçoit la permission d'annoter l'article.

Elle rédige alors ses fameuses notes, dont la « G » s'apparente à un véritable algorithme de calcul du nombre de Bernoulli grâce à l'utilisation de la machine. Cette simple ligne est aujourd'hui considérée comme le premier programme informatique au monde. Elle peut en effet désormais être lue par la machine, à la différence des programmes séquentiels précédemment développés dans l'Angleterre victorienne par Jacquard ou Babbage.

Cet exploit reste pourtant peu reconnu dans une société tournée vers le monde et l'espoir de porter son projet plus loin, Babbage ne parvenant pas à être subventionné par la Couronne britannique.

Ada se met donc à travailler sur un système de calcul de probabilités de victoires aux derbys. Elle commence alors à jouer, mais perd ses paris, se précipitant dans les dettes. S'ajoutent à cela ses problèmes de santé dus à un cancer. Elle décède à 36 ans dans d'affreuses souffrances. Elle est enterrée aux côtés de son père, qu'elle n'a jamais connu, dans le comté de Nottingham.

Ada Lovelace, à travers sa collaboration avec Charles Babbage, a créé un concept ambitieux qui a jeté les bases de l'informatique moderne. Alors que Babbage envisageait une machine principalement destinée aux calculs numériques, Ada a anticipé les autres usages qui peuvent en être faits.

Elle a compris que le moteur peut traiter non seulement des données numériques, mais aussi des informations symboliques : une réflexion révolutionnaire qui préfigure l'essence même de la programmation.

Saisissant l'équilibre de la logique alliée à la créativité, elle est la première programmatrice informatique au monde et a donné vie à l'idée que les machines peuvent être programmées pour créer au-delà des limites du calcul traditionnel. À l'aube du XXIe siècle, la révolution numérique donne un nouveau souffle à ses contributions. Le langage de programmation Ada, nommé ainsi en son honneur, devient la pierre angulaire des systèmes critiques dans le monde entier.

Si elle est présente ici, c'est parce qu'elle remet en question notre conception de l'héroïsme. Son histoire incite à reconnaître les héros discrets, les visionnaires qui, armés d'intelligence et de courage, tracent la voie des triomphes d'un avenir invisible.

SAMU/SMUR

Les urgences vitales

Derrière la reconnaissable étoile de vie bleue et le célèbre bâton d'Asclépios, qui ornent toutes les ambulances, se cache le fameux 15, ou SAMU (service d'aide médicale urgente). Partie prenante du SAMU, les SMUR (services médicaux d'urgence et de réanimation) sont souvent confondus avec ce dernier, bien que l'acronyme SAMU concerne principalement les services hospitaliers de régulation des urgences.

C'est en 1956 que voient le jour les ancêtres des SMUR, pour répondre aux urgences liées à une épidémie de polio. Ces unités hospitalières mobiles (UMH) sont destinées à transporter des patients ayant besoin d'être soumis à des soins intensifs jusqu'aux hôpitaux. La France a longtemps disposé d'une unique UMH chargée le plus souvent de transferts interhospitaliers et de la répartition des patients dans les différents hôpitaux (rôle que joue aujourd'hui le SAMU). La prise de conscience de l'efficacité de ce dispositif engendre peu de temps après la multiplication de ces unités, et la création distincte du SAMU et des SMUR.

Les missions des SMUR se composent d'interventions primaires et secondaires. Les premières concernent la prise en charge de blessés urgents sur le lieu de l'accident, tandis que les secondes ont trait aux transferts interhospitaliers. Dans les deux cas, soumis à la pression et au stress, les urgentistes se voient confier la responsabilité de vies humaines fragiles, dans le cadre menaçant de leur transport.

Un SMUR est aujourd'hui obligatoirement composé d'un médecin, d'un infirmier et d'un ambulancier. Ces équipes sont chargées de maintenir en vie les patients jusqu'à l'hôpital où ils peuvent recevoir les soins nécessaires. Elles disposent de véhicules entièrement équipés (ambulances, camions, hélicoptères, bateaux), mais cette flotte d'urgence tend aujourd'hui à se détériorer, ce qui rend le métier d'urgentiste encore plus complexe et dangereux. Car il s'agit d'un don, de soi pour l'autre, qui n'existe que par une prise entière de risque.

Tous les jours, ces équipes sauvent de la mort des centaines de personnes, et ce en dépit d'un manque chronique de moyens. Ces héros inconnus qui se mobilisent quotidiennement sont souvent amenés à intervenir sur des lieux d'accidents hostiles où il leur arrive, pour sauver une vie, de risquer la leur.

C'est ainsi qu'en France, une équipe de SMUR périt chaque année en moyenne dans l'exercice de ses fonctions, entre théâtres accidentés souvent dangereux, conduite rapide des véhicules d'urgence et menace constante du suraccident.

Parce que l'urgence expose au risque, elle dispose au courage, et c'est dans cet arc entre le risque qu'ils subissent et le courage qu'ils dispensent que s'écrit chaque jour l'héroïsme discret des personnels du SAMU.

ARTHUR LE VAILLANT

Le navigateur bio

Arthur Le Vaillant a une jolie trentaine. Il est originaire de La Rochelle. Marin et fils de Jean-Baptiste, un marin à la renomme mondiale, il est aussi artiste musicien, et fils d'Isabelle, artiste qui partage du Barbara en fond sonore. Il est devenu un écologiste convaincu. Et convaincant.

Cofondateur de La Vague Asso, il a l'ambition de repenser les courses de bateaux : « On est tous des amoureux de la nature et de la mer. Si on veut préserver notre terrain de jeu, on doit arrêter de dire "il faut" et agir. »

Il décide en 2020 de lancer son projet SailCoop : « Le vent est mon ami depuis que je file sur les mers. C'est une énergie inépuisable, propre… et gratuite. Utilisons-la de toutes les façons possibles ! C'est pour cela que j'ai participé à la création de la coopérative. Avec plus de mille sociétaires aujourd'hui nous voulons développer, en France et vers le reste du monde, un vaste réseau de transports à voile, bas carbone, pour remplacer les avions et ferries très polluants. Nous nous concentrons sur le transport de passagers et nous ouvrons des lignes régulières vers des destinations proches, la Corse et d'autres îles françaises ou britanniques.

Notre rêve est de lancer des voyages sur de grands voiliers légers, sobres et rapides, vers des destinations plus lointaines comme les États-Unis, les Antilles ou le Brésil.

La voile est définitivement une solution d'avenir. L'océan est grand, mais le monde est petit… »

Après un impressionnant palmarès dans la course au large, il prend le départ de la Route du rhum 2022, seul à la barre de *Mieux*, un trimaran géant (classe Ultim). Pour respecter sa fibre écolo, il a usé du recyclage : son bateau était celui d'Olivier de Kersauson, avant d'être successivement revu et skippé par Thomas Coville et Yves Le Blevec.

Mais entre musique et convictions, et sa forte présence sur les réseaux, il est un peu partout à la fois. Ce qui ne rend pas sa vie facile dans un milieu qui aime la stabilité même au prix de l'immobilisme : « On a besoin de rassurer les sponsors, et c'est vrai que je ne suis pas très rassurant. J'ai besoin d'avoir des rêves et d'aller au bout. »

Il n'est pas si facile de voguer par petit temps. Surtout quand on est prêt à affronter les tempêtes du présent.

FLORENCE NIGHTINGALE

L'infirmière qui éclaira la médecine

Florence Nightingale est née en 1820 dans une famille fortunée. Très sensible à la misère et à l'injustice dans une Angleterre marquée par la révolution industrielle et la paupérisation des classes laborieuses, elle se persuade rapidement que sa vocation est de se mettre au service des personnes souffrantes. Elle se heurte alors aux résistances de ses parents qui estiment qu'un simple travail d'infirmière serait indigne d'elle et qu'elle doit se préoccuper de trouver un homme riche pour l'épouser.

Déterminée, Florence quitte son milieu et part pour l'Allemagne où elle suit une formation médicale. Intelligente et consciencieuse, la jeune femme fait vite les preuves de sa compétence : dans le cadre de son premier emploi au début des années 1850, qui consiste à prendre soin de professeurs gravement malades à Londres, où elle est de retour, elle déploie des trésors d'efficacité et finit par endosser le rôle de directrice.

Toujours désireuse de faire davantage pour ses patients, elle commence à mener des réflexions innovantes pour améliorer leur prise en charge. Ses idées vont révolutionner le secteur de la santé. Par exemple, alors qu'elle œuvre comme bénévole dans un hôpital ravagé par le choléra, Florence réalise que le risque de contracter la maladie y est encore plus fort qu'à l'extérieur : elle exige alors la mise en place de mesures d'hygiène de base qui n'étaient à l'époque absolument pas appliquées, les microbes n'ayant pas encore été découverts, et limite ainsi la propagation de la maladie au sein de l'établissement ainsi que la contamination du personnel soignant.

Durant la guerre de Crimée qui éclate en 1853 et oppose France, Angleterre et Empire ottoman affaibli à une Russie en pleine dynamique d'expansion, Florence est chargée de conduire une équipe de trente-huit infirmières jusqu'à l'hôpital britannique d'Istanbul. Une fois sur place, elle est horrifiée de constater que les soldats succombent davantage à des maladies infectieuses comme la fièvre typhoïde qu'à des blessures de guerre. De nouveau, elle commence par faire nettoyer minutieusement l'établissement de santé et élabore, inspirée par l'essor de nouvelles disciplines attachées à l'observation et à l'analyse de données, des outils statistiques destinés à rendre compte des résultats de ses initiatives : les diagrammes et graphiques produits montrent en effet une mortalité en chute libre (de 40 % à 2 %) du fait de son labeur acharné.

La « femme à la lampe », surnommée ainsi par les soldats en raison de son habitude d'arpenter les couloirs pour prodiguer ses soins attentifs aux uns et aux autres, rentre en Angleterre après la fin de la guerre, en 1856. Deux ans plus tard, elle est la première femme à devenir membre de la Société royale de statistique britannique pour son utilisation de graphiques dans le cadre des soins de santé. En 1860, elle fonde la Nightingale Home and Training School for Nurses afin d'assurer une formation convenable aux professionnels de santé. Reconnaissant pour la nation, le roi George V lui-même enverra un message d'anniversaire personnel à Florence Nightingale pour son quatre-vingt-dixième anniversaire, quelques mois avant sa mort, en 1910.

JACQUES et **ANSELME SELOSSE**

Les vignerons biodynamiques

Dans le monde de la viticulture, où chaque bouteille raconte une histoire de sol, de climat et de savoir-faire, Jacques Selosse apparaît comme un véritable héros, un pionnier dont le dévouement à sa passion transcende l'ordinaire.

Issu d'une famille à l'histoire riche en Champagne, il hérite de vignobles, mais aussi d'un profond respect pour le terroir, cette combinaison unique de terre et de cépages qui confère un caractère distinct aux vins. Cependant, il ne se contente pas de suivre la tradition, il cherche à la redéfinir.

Quand il s'installe dans le village d'Avize, en 1947, et quoiqu'il ne vienne pas d'une famille vigneronne, il fonde en 1949 le domaine viticole à son nom, avec quelques parcelles de vignes. Lors de sa première décennie d'exploitation, il destine sa production au négoce. C'est seulement en 1959 qu'il décide d'élaborer son propre champagne.

Au lieu d'adhérer strictement aux méthodes conventionnelles, il préfère embrasser l'innovation, en introduisant des pratiques biodynamiques et en élaborant méticuleusement chaque cuvée pour exprimer la véritable essence des vignobles.

Sa position dans la viticulture vient de son attachement indéfectible à l'authenticité. À une époque où la production de masse et la standardisation menacent l'unicité de chaque bouteille, il est devenu un phare de l'artisanat. Chaque vigne dont il s'occupe est devenue un témoignage de son respect pour la nature et de sa conviction que le grand vin est le reflet de la terre d'où il jaillit.

Malgré une reconnaissance locale et un succès international, Jacques Selosse conserve ses terres sans chercher à s'étendre, demeurant humble, enraciné dans le sol même qui donne vie à ses vignes. Son engagement dans le métier va au-delà de la reconnaissance personnelle ; il s'agit d'une dévotion à la préservation de l'intégrité du champagne en tant qu'art.

Sa maîtrise extraordinaire lui permet d'inverser l'adage selon lequel « entre le vin et sort le secret », puisqu'il s'attache à faire sortir le vin de la terre, et à faire goûter à chaque amateur de son champagne le goût du secret.

Son fils Anselme poursuit son œuvre alchimique à partir de 1974, après avoir terminé ses études en viticulture et en œnologie dans les plus grands domaines de Bourgogne. Et en 1980 il reprend officiellement les rênes du domaine, créant la cuvée Substance grâce à la technique de *solera* espagnole, s'intéressant à l'agrobiologie puis à l'agrodynamie avant de trouver son équilibre dans la permaculture.

Il est élu à deux reprises vigneron de l'année par *La Revue des vins de France* qui honore aussi là son père Jacques, puisqu'à l'en croire « le plaisir du vin [...] est un plaisir de la mémoire[21] ».

Si le héros est celui qui fait surgir, de la matière même du monde ancien, quelque chose de nouveau, alors Jacques Selosse et son exploration du champagne, ainsi que son fils Anselme et sa théorie de la bulle carrée[22], ont leur place dans ce livre rempli d'humains pas si ordinaires mais dispensateurs de dons extraordinaires. Guillaume, le fils d'Anselme, prend sa relève à la tête du domaine en 2020.

---

21. Sébastien Lapaque, *Théorie de la bullée carrée*, Actes Sud, 2019.
22. « J'aime quand le champagne a des bulles carrées, croquantes sous la dent » (*ibid.*).

SUPER-HÉROS

Derrière les masques et les capes

En apparence, les derniers à devoir figurer dans un ouvrage consacré aux héros « ordinaires » sont ces super-héros qui ont envahi nos écrans comme ils s'étaient glissés dans l'univers des comics et des bandes dessinées, inspirés par notre l'imagination autant qu'ils l'inspirent, pour défier, masqués, ce que nous n'oserions affronter à visage découvert.

Mais c'est précisément à cet incognito qu'ils doivent leur place ici, puisqu'ils restent, derrière leur costume et en dépit de leurs pouvoirs exorbitants, des hommes et des femmes ordinaires, qui se cachent souvent des autres humains.

Au nombre des caractéristiques qui « font » le super-héros, on compte en effet, outre l'existence de capacités hors du commun appelées « super-pouvoirs », un costume distinctif et un équipement particulier qui voient l'acquis prolonger l'inné, une double identité.

Nous retrouvons bien en effet, dans l'archétype du super-héros au travers duquel nos sociétés conjurent à la fois l'hybris d'une omnipotence théorique et la misère d'une impuissance pratique, la coexistence de deux identités : celle d'un individu normal et socialement inséré, parfois ridicule avec ses grosses lunettes ou son air benêt, et celle, secrète, et pour cela masquée, d'un super-héros.

Et la seconde identité est à la première ce que la profondeur est à la surface, le possible au nécessaire et l'inconscient à la conscience, l'une et l'autre formant un tout indissociable qui est et qui demeure constitutif non pas du surhomme ou de l'extraterrestre, mais simplement de l'homme.

Les super-héros nous apparaîtront dès lors comme des hommes ordinaires qui explorent, transfigurés par un costume et voilés par un masque, leurs pouvoirs extraordinaires. Et nous pourrons voir dans les héros ordinaires qui émaillent cet ouvrage autant de super-héros auxquels les circonstances, en libérant leur courage, confèrent la part d'extraordinaire dont ils étaient capables.

Car si le super-héros est l'ombre portée de l'homme ordinaire, alors il suffit d'un homme ordinaire, placé sous la lumière de circonstances extraordinaires, pour faire un super-héros.

Et il ne suffit pas de dire que le super-héros est un déploiement extraordinaire de l'humain ordinaire. Il faut ajouter que chaque homme ordinaire est un super-héros en puissance, et qu'un super-héros en puissance peut, à force de courage, devenir un héros en acte, comme le sont les protagonistes de cet ouvrage.

Le super-héros est un humain, le héros est un humain « super », le courage permettant à l'humain de s'élever jusqu'au statut de héros, et l'humilité permettant au héros de revenir à l'humain. Surtout lorsqu'il se trouve en panne de kryptonite et que ses alliés, sans super-pouvoirs, se dévouent pour le sauver tout en se sauvant.

C'est là le secret que nous enseignent tous nos héros du quotidien : il n'y a rien de plus humain que l'héroïsme.

Et nul besoin de se déguiser pour sauver les autres.

JOSEPH PLEIGNEUR

Le criminel qui sauvait des vies

Connu sous le nom de Manda, ou son *alias*, « l'Homme », Joseph Pleigneur a été, avec Léca, son rival, et Amélie Hélie, la femme qu'ils se disputaient, le protagoniste d'une lutte à mort qui a ensanglanté le Paris de la Belle Époque, ses bandes d'Apaches, et que le cinéaste Jacques Becker a immortalisé dans le film *Casque d'or*.

Quoiqu'ils dénotent un courage certain, ce ne sont pas ses crimes et délits qui valent à Joseph Pleigneur de figurer dans ce livre, mais l'histoire moins connue qui s'est déroulée après 1902 et le moment où les assises de la Seine l'ont condamné aux travaux forcés à perpétuité.

Loin du quartier des Orteaux et de sa vie faite de petits délits et de proxénétisme d'opportunité, loin de la guerre qui oppose sa bande et celle de Léca, c'est en Guyane que l'« Apache », qui n'a que 26 ans lors de sa condamnation, va devenir, à l'épreuve de la captivité, un autre homme.

Lorsqu'il embarque sur la *Loire*, celui qui n'est plus alors que le matricule 32 776 retrouve Léca, condamné lui aussi, parmi le demi-millier de forçats envoyés sur l'île Royale, et lui propose en vain de faire la paix. Alors que le Corse refuse, parvient quelques années plus tard à s'évader, et disparaît dans des circonstances troubles, Joseph Pleigneur apprend à soigner les malades et devient infirmier-chef au sein du bagne.

Une anecdote témoigne de cette transformation d'un criminel extraordinaire en héros ordinaire : un jour, un garde, en fouillant ses affaires, découvrit un petit traité de chirurgie pratique. On appela le médecin, pensant que l'ouvrage lui avait été dérobé. Non, Manda ne l'avait pas volé. Il l'avait acheté lui-même, avec son propre argent[23].

Très apprécié aussi bien des malades que des médecins, il bénéficie d'une remise de peine pour bonne conduite en 1922, soit vingt ans après sa condamnation, mais il lui est interdit de revenir en métropole. Comme la plupart de ses semblables, libérés mais astreints à résidence en Guyane, il mène une vie précaire, qui le conduit à une mort dont sa fiche matricule rend bien le caractère tragique : « Décédé le 20 février 1936 de suite de misère physiologique. »

Au terme d'une vie qui l'aura entraîné à la périphérie puis au banc de la société, il est permis de croire, avec Gilbert Guilleminault, qu'au travers de ces années d'infirmier « l'Homme est devenu un homme[24] », ce qui n'est pas le moindre des héroïsmes.

23. Gilbert Guilleminault, Le *Roman Vrai de la Troisième République. La Belle Époque*, Denoël, 1958.
24. *Ibid.*

HARRIET TUBMAN

La Moïse noire

Harriet Tubman naît en 1822, esclave au Maryland, et devient rapidement une figure emblématique de la lutte contre l'esclavage, une défenseure inlassable des droits civiques aux États-Unis au XIXe siècle. Sa vie, marquée par le courage, la détermination et le dévouement envers la liberté, a laissé un héritage indélébile dans l'histoire américaine.

De fait, Tubman vit les horreurs de l'esclavage dès son plus jeune âge. Alors qu'elle est soumise à d'effroyables traitements, sa détermination à s'extraire de cette vie devient de plus en plus vitale. En 1849, elle décide de s'échapper en empruntant le réseau clandestin de l'*underground railroad*, un système secret de refuges et de « conducteurs » qui aide alors les esclaves à gagner la liberté.

L'esclavage existait dans les treize colonies d'origine, en Californie, en Louisiane et en Floride espagnoles, en Amérique centrale et en Amérique du Sud, ainsi que dans toutes les îles des Caraïbes jusqu'à la révolution haïtienne (1791-1804) et l'abolition de l'esclavage par les Britanniques (1834). Le « chemin de fer clandestin » partait du lieu de l'esclavage. Les itinéraires suivaient les modes de transport naturels et artificiels – rivières, canaux, baies, côte Atlantique, bacs et traversées de rivières, routes et sentiers. La proximité des ports, des territoires libres et des frontières internationales a favorisé de nombreuses évasions. Au fur et à mesure de la structuration du réseau, de nouveaux itinéraires sont découverts.

Cette première évasion marque le début d'une série d'actes héroïques qui la transforment en une meneuse infatigable du mouvement abolitionniste.

Harriet Tubman ne se contente pas de chercher sa propre liberté ; elle devient rapidement « conductrice », guidant des dizaines d'esclaves vers la liberté et la sécurité. Sa réputation grandissante en tant que meneuse intrépide et déterminée attire rapidement l'attention des partisans de l'abolition, qui commencent alors à la surnommer la « Moïse noire », en référence au chef biblique conduisant les esclaves juifs hors d'Égypte.

Au cours de ses nombreuses expéditions, elle risque sa vie à maintes reprises pour libérer d'autres esclaves. Elle emprunte des routes dangereuses, traverse des zones hostiles, et use même parfois de la force pour protéger ceux qu'elle choisit de guider. Son engagement envers la cause abolitionniste s'avère si profond qu'elle aurait déclaré un jour : « J'ai libéré un millier d'esclaves, j'aurais pu en libérer mille fois plus, si seulement ils avaient su qu'ils étaient esclaves ! »

La guerre de Sécession marque un tournant dans sa vie. Elle met son courage au service de l'Union en tant qu'infirmière, cuisinière et espionne. Elle joue également un rôle essentiel dans le recrutement d'anciens esclaves pour les forces de l'Union.

Après la guerre civile, Harriet Tubman poursuit son combat pour les droits civiques en s'engageant activement dans le mouvement suffragiste, qui plaide pour le droit de vote des femmes. Sa vision va en effet au-delà de la simple abolition de l'esclavage ; elle explique aspirer à une société où chaque individu, indépendamment de son genre ou de sa race, jouirait de droits égaux et inaliénables.

Elle consacre également une partie de sa vie à promouvoir l'éducation des Afro-Américains. En 1908, elle établit une école pour aider les enfants défavorisés, affirmant ainsi l'éducation comme clé de l'émancipation.

L'héritage d'Harriet Tubman perdure au-delà de sa mort en 1913. Son courage et sa détermination continuent d'inspirer des générations de militants des droits civiques.

En 2020, son visage est par ailleurs choisi pour figurer sur les nouveaux billets de 20 dollars américains, matérialisant la reconnaissance symbolique de son impact sur l'histoire des États-Unis.

MÉDECINS RURAUX

Au service des plus isolés

En France, la « rationalisation » administrative favorise chaque jour la concentration des populations, des activités, des réseaux sur des espaces restreints. Ce phénomène de métropolisation accentue la relégation de certains territoires. En matière de santé, ces derniers sont qualifiés de déserts médicaux et correspondent principalement aux espaces ruraux : en France, plus de 60 % des habitants vivant à la campagne ont ainsi des difficultés d'accès aux médecins généralistes et plus d'une personne sur dix a une accessibilité très limitée aux praticiens.

Il se trouve par ailleurs que ces inégalités entre ruraux et urbains se renforcent, les effectifs de médecins diminuant encore dans les départements déjà relativement moins dotés (Nièvre, Creuse, Cher). En se concentrant dans les zones rurales, ces inégalités se superposent à d'autres inégalités territoriales (manque de services publics, numériques...) et contribuent à exacerber les problèmes qui s'y posent.

La situation de la France est particulièrement sensible puisqu'avec 2,6 médecins pour 100 000 habitants, elle atteint un niveau encore inférieur à celui qui est constaté dans la moyenne rurale des pays de l'OCDE s'élevant à 2,8. Selon une étude dévoilée par l'Association des maires ruraux de France en 2022, plus de 6 000 généralistes manquent ainsi dans les bassins de vie ruraux, par rapport à l'objectif souhaitable d'un médecin pour 1 000 habitants. Pour lutter contre cette désertification, et cette rupture du principe d'équité territoriale républicaine, l'État a certes déployé un ensemble de mesures incitatives. Les témoignages se sont récemment multipliés, le problème étant de plus en plus médiatisé, et donnent une visibilité nouvelle aux difficultés auxquelles les ruraux se trouvent confrontés au quotidien.

Lucas la Fata, âgé de 28 ans, a choisi d'exercer dans une maison de santé en Ardèche et Alexandre Lherbette a rejoint la Mayenne. Ces deux jeunes hommes passionnés par leur métier et animés par une vocation authentique ne dissimulent pas les difficultés qu'ils rencontrent mais insistent sur les aspects positifs de leur choix même si leur agenda est plus que rempli.

Selon eux, c'est à la campagne que la profession est la plus riche et la plus intéressante. On n'a pas le même niveau de communication et de confiance avec les patients qu'en ville où le médecin généraliste peut tomber assez vite dans la « bobologie » ou dans l'administratif. À la campagne, le médecin généraliste est le premier recours, d'autant plus dans des territoires où l'accès aux spécialistes demande plusieurs mois. C'est lui qui comble l'attente.

C'est donc décidé, nos héros des campagnes y resteront. Dès qu'il le pourra, le docteur Lherbette accueillera même à son tour des stagiaires : « Pour rendre ce qu'on lui a donné. »

Un héroïsme du quotidien, où sauver commence par être présent, disponible, rassurant.

CHIEN-SHIUNG WU

La première dame américaine de la physique

Chien-Shiung est née à Shanghai en 1912 et grandit en Chine avec ses deux frères dans une famille professant des idées libérales et progressistes. Son père, enseignant à l'École supérieure professionnelle de femmes qu'il a fondée, se montre en effet particulièrement attaché à prodiguer la même instruction à sa fille qu'à ses garçons et l'encourage vivement à s'engager dans des études : pour lui prouver qu'il a confiance en son potentiel et en sa force, il lui a donné un prénom qui signifie « valeureux héros ». Chien-Shiung fréquente l'école municipale puis, à 11 ans, rejoint l'école normale de jeunes filles pour devenir institutrice.

C'est là qu'elle découvre sa passion pour les sciences. Malheureusement, les cours dispensés ne suffisent ni à satisfaire sa curiosité et à étancher sa soif d'apprendre, ni à la préparer convenablement à l'université. Elle envisage donc d'y renoncer lorsque son père l'encourage à persévérer et à préparer elle-même de son côté, à l'aide de divers manuels qu'il lui procure, les examens d'entrée redoutés. Elle intègre ainsi l'Université centrale nationale à Nankin en 1929 et décroche sa licence de physique en 1934, avant de traverser l'océan pour tenter l'aventure américaine à l'université de Berkeley. Là-bas, elle continue de progresser sous la houlette du physicien Ernest Lawrence, prix Nobel de physique de 1939, et obtient un doctorat.

Lorsque la guerre éclate, elle est déjà bien établie aux États-Unis : elle épouse le physicien Luke Chia-Liu Yuan avec qui elle s'installe sur la côte est ; elle enseigne à l'université de Princeton, puis à celle de Colombia. Elle devient à cette occasion la première femme à obtenir le titre de professeure assistante.

Sa notoriété va grandissante et, décidée à participer à l'effort de guerre engagé par les États-Unis et la Chine contre l'axe germano-nippon, Chien est l'une des rares femmes à intégrer le projet Manhattan.

Après la guerre, elle poursuit ses recherches aux côtés de deux physiciens, Lee et Yang, qui finissent par être récompensés par le prix Nobel alors que son nom n'est même pas mentionné. Ce sexisme ordinaire n'empêche pas Chien d'être largement reconnue par ses pairs et d'être récipiendaire de nombreuses distinctions.

Elle est notamment élue en 1958 membre de l'Académie nationale des sciences des États-Unis et devient en 1975 la première femme à présider la Société américaine de physique.

Décédée à New York en 1997, Chien est souvent appelée « la première dame de la physique ». Le courage vit parfois dans un relatif anonymat – qu'il convient de révéler ici.

BÉNÉVOLES

Ils répondent toujours présents

De la Croix-Rouge

Ils n'ont pas de noms, pas de visages mais un emblème, une croix rouge sur fond blanc. En France, derrière ce drapeau se massent quelque 70 000 bénévoles, dont près de 9 000 secouristes prêts à intervenir en situation d'urgence.

L'institution, créée par le Suisse Henri Dunant en 1864, était destinée à porter secours aux blessés militaires sur les champs de bataille. Depuis, elle a pris la forme d'un vaste mouvement international, mobilisé lors des grandes catastrophes naturelles comme sur les terrains de guerre, mais aussi impliqué dans l'action sociale et sanitaire auprès des populations défavorisées.

Les bénévoles de la Croix-Rouge française forment aux gestes qui sauvent, tiennent des postes de secours lors des grandes manifestations festives ou revendicatives, assurent des maraudes nocturnes dans les grandes villes pour aider les sans-abri.

Acteurs majeurs de l'économie sociale et solidaire, que ce soit dans les secteurs humanitaire, sanitaire, social, médico-social ou dans celui de la formation, ils donnent de leur temps et de leur énergie sans rien escompter en retour. Pure générosité. C'est aussi cela, l'héroïsme.

Des Restos du cœur

Au milieu des années 1980, la France, comme tous les pays occidentaux, se débat au cœur d'une contradiction qui voit l'affirmation de la société de consommation produire des excédents sans précédent alors même que croissent les inégalités qui relèguent aux marges du système une part importante de la population : la période euphorique des « Trente Glorieuses » est bel et bien terminée. Les injustices et l'iniquité inhérentes à l'économie de croissance mondialisée ont déjà suscité des contestations qui se traduisent depuis le début de la décennie par les chansons caritatives comme « SOS Éthiopie » en France, « We are the World » aux États-Unis, « Do they know it's Christmas » en Grande-Bretagne, mais au sein d'un pays développé comme la France, fière de son système de protection sociale très poussé et attachée au modèle d'État-providence, la charité privée n'a guère le vent en poupe.

Coluche anime alors une émission quotidienne sur Europe 1 et l'utilise comme tribune pour dénoncer les dysfonctionnements du système. C'est ainsi qu'en septembre 1985, il lance sa « petite idée comme ça » et adresse son message devenu célèbre aux Français dans le but de fonder une cantine gratuite fonctionnant grâce aux dons et au bénévolat. Aujourd'hui, cette association censée répondre de manière éphémère aux besoins du moment est devenue une institution pérenne et incontournable dans le paysage de l'aide sociale en France.

L'ancien candidat à l'élection présidentielle peut en effet capitaliser alors sur une grande popularité relayée par ses nombreux appuis dans le milieu du show-business, qui lui permettent par exemple de diffuser son message à l'aide de la chanson passée à la postérité.

Toutefois, cette réussite aussi décisive et marquante dépasse de loin la seule personnalité de Coluche. Rencontrant immédiatement un énorme succès et conduisant à la distribution de huit millions de repas le premier hiver dans deux cents villes, les Restos du cœur sont indissociables des bénévoles qui leur permettent de fonctionner. En outre, au-delà de l'aspect logistique, il s'agit de changer le regard de la société française sur la pauvreté et sur ses victimes et de réamorcer la relation : les interactions humaines sont donc au cœur d'un modèle qui réclame un engagement fort et authentique.

À la fin de l'hiver, qui a été particulièrement rigoureux – il a fait jusqu'à moins 22 °C à Reims, la Loire a gelé, le froid n'avait pas été aussi intense depuis 1956 d'après Météo France –, les Restos ont leur trésor de guerre : cinq mille bénévoles enthousiastes et de l'argent qui n'a pas été dépensé, à savoir 2 millions de francs dont un million et demi est donné à Emmaüs.

La mort de Coluche ne marque pas l'arrêt de son initiative, qui prend cependant un nouveau visage, une plus grande envergure, et les Restos du cœur s'étendent rapidement à l'ensemble du territoire, dans des régions aussi bien marquées à droite qu'à gauche. Tout en s'institutionnalisant, ils s'implantent durablement dans le paysage français à l'échelle locale. Avec la Banque alimentaire, ils bénéficient progressivement aussi bien de la générosité de la société civile, qui commence à changer son regard sur l'exclusion et l'aide alimentaire, que du déblocage des stocks alimentaires décidé par la Commission européenne qui permet aux bénévoles de récupérer et distribuer des stocks de lait, beurre, viande voués jusque-là à la destruction.

Symbole de l'événement d'une nouvelle période et d'un nouveau paradigme de l'assistance mi-publique, mi-privée, l'organisation contribue à identifier la pauvreté à partir de critères objectifs et non stigmatisants. Aujourd'hui, on devient ainsi bénéficiaire des Restos sur conditions de ressources uniquement. « Le problème est qu'en 2018, on peut avoir un emploi ou des minimas sociaux mais cela ne protège pas de la pauvreté. De nombreux travailleurs pauvres, des femmes seules avec enfants, viennent aux Restos. En 1985, Coluche n'avait sans doute pas l'idée que cela arriverait », souligne le sociologue Jean-Noël Retière[25]. Une telle diversification des publics concernés implique la mobilisation d'un nombre croissant de personnes et les Restos du cœur comptent environ 100 000 bénévoles dans plus de 2 000 centres de distribution dans toute la France ; ils ont distribué plus de 170 millions de repas à plus d'un million de bénéficiaires (dont la moitié a moins de 25 ans) lors de la campagne de 2022-2023. Plus que jamais, l'explosion de la demande et la désinhibition des personnes précarisées dans un monde où le déclassement peut toucher n'importe qui de manière très impromptue rendent l'engagement quotidien de ces hommes et de ces femmes essentiel.

Distribuer des millions de repas aux personnes démunies, assurer les centaines de maraudes, de jour comme de nuit, auprès des gens de la rue, tenir les milliers de lieux d'accueil, rien de tout cela ne serait possible sans l'engagement des bénévoles des Restos.

Le bénévolat est d'ailleurs inscrit dans les statuts de l'association loi de 1901 reconnue d'utilité publique créée en 1985 par Coluche. Son but est en effet « d'aider et d'apporter une assistance bénévole aux personnes démunies, notamment dans le domaine alimentaire par l'accès à des repas gratuits, et par la participation à leur insertion sociale et économique, ainsi qu'à toute action contre la pauvreté sous toutes ses formes ».

Celles et ceux qui, chaque jour, vont au-devant des plus pauvres pour leur tendre la main, leur donner de quoi manger, ou les accueillir le temps d'un café chaud dans un Relais du cœur, ont le sentiment profond de ne faire que leur devoir. Ils n'en accomplissent pas moins de petits exploits quotidiens en redonnant un peu d'humanité à des vies cabossées.

25. *Une solidarité en miettes. Socio-histoire de l'aide alimentaire des années 1930 à nos jours*, Presses universitaires de Rennes, 2018.

Du Téléthon

Depuis 1987, date de sa première édition, le Téléthon mobilise chaque année, au début du mois de décembre, des millions de participants bénévoles. Au travers de milliers d'événements organisés dans toute la France, dont certains sont retransmis pendant les trente heures de direct assurées par les chaînes de France Télévision, l'association AFM-Téléthon récolte les fonds qui lui permettent de pérenniser ses actions dans la lutte contre les maladies génétiques et de venir en aide aux malades.

Le concept de ce qui est devenu la plus importante collecte populaire du pays est importé des États-Unis par Pierre Birambeau, père d'un enfant atteint de myopathie. Il convainc l'Association française contre les myopathies (AFM) de se lancer dans l'aventure, conforté par le succès immédiat de l'opération.

Pour stimuler la générosité publique, chaque édition du Téléthon est parrainée par une personnalité populaire (dont l'acteur américain Jerry Lewis aux États-Unis dès 1966, Alain Delon, Mireille Mathieu, Patrick Bruel, Jane Birkin, Anne Roumanoff, Thierry Lhermitte et beaucoup d'autres). Pendant trente heures ininterrompues, l'appel aux dons est soutenu par d'innombrables manifestations en tous genres (relais pédestres, concours de pétanque, collecte de canettes vides…).

Les sommes récoltées – plus de 92 millions d'euros en 2023 – permettent depuis à l'AFM-Téléthon de participer au financement de la recherche sur les maladies génétiques et les maladies rares. L'engagement des bénévoles du Téléthon n'est pas un vain mot.

Et tous les autres, les quinze millions de citoyennes et citoyens engagés dans plus d'un million et demi d'associations en France, qui font vivre le sport, la culture, la solidarité…

Œuvres d'Alain Bauer

Violences et insécurité urbaines (1998, 12e édition 2010), *L'Amérique, la violence, le crime* (2000, 2e édition 2001), *La guerre ne fait que commencer* (2002, réédition 2003), *Les Polices en France* (2003, 3e édition 2010), *Le Crime aux États-Unis* (2003), *Les Polices aux États-Unis* (2003), *Imaginer la sécurité globale* (2004), *État d'urgence* (2004), *Deux siècles de débats républicains* (2004), *Dico rebelle* (2004), *L'Énigme al-Qaïda* (2005), *Mercenaires et polices privées* (2006), *Géographie de la France criminelle* (2006), *Mieux contrôler les fichiers de police* (2006), *World Chaos, Early Detection and Proactive Security* (2007), *Les Mystères de Channel Row* (roman, 2006 et poche 2013), *République, Républiques ?* (2007), *L'Année stratégique* (2008, 2009 et 2010), *Le Nouveau Chaos mondial* (2007), *Radicalisation en Occident* (2008), *Pour une stratégie globale de sécurité nationale* (2008), *Vidéosurveillance et vidéoprotection* (2008), *Terrorism Early Warning* (LASD 2008), *Le 11 Septembre* (2008), *100 mots pour comprendre l'acl tualité* (2008), *Les 100 mots de la police et du crime* (2009), *Les Études de sécurité publique* (2009), *Les Fichiers de police* (2e édition 2011), *Le Convent du sang* (roman, 2009), *La Face noire de la mondialisation* (2009, éditions anglaise, italienne, espagnole, chinoise), *Les terroristes disent toujours ce qu'ils vont faire* (2010), *Les 100 mots du terrorisme* (2010), *À la recherche de la criminologie* (2010), *Statistiques criminelles et enquêtes de victimation* (2010), *Introduction générale à la criminologie* (2011), *Les Politiques publiques de sécurité* (2011), *Histoire criminelle de la France* (2012 et poche 2013), *La Criminologie pour les nuls* (2012 et 2018), *Dictionnaire amoureux du crime* (2013), *Dernières nouvelles du crime* (éditions française, italienne et américaine, 2013), *Le Terrorisme pour les nuls* (2014), *Histoire de la médecine légale et de l'identification criminelle* (2015), *Qui est l'ennemi ?* (éditions américaine, française, italienne, chinoise, arabe), *Les Mutations du terrorisme* (versions russe, italienne, 2016), *ABC de la criminologie* (2016 et 2024, édition américaine 2018), *Vivre avec le terrorisme*

(First 2017), *Les Guetteurs* (Odile Jacob 2018), *Processus stratégiques* (EMS 2018), *Les Protecteurs* (Odile Jacob 2019), *3 minutes pour comprendre les 50 plus grandes affaires criminelles en France* (Courrier du Livre 2019), *Vivre au temps du Coronavirus* (Cerf 2020), *Les Criminels les plus c... de l'histoire* (First 2020), *Encyclopédie des espionnes et des espions* (Gründ 2021), *La Criminologie pour les nuls* (First, 3e édition 2021), *Les Criminels les plus c... de l'histoire... au tribunal* (First 2022), *L'Espionnage pour les nuls* (First 2022), *La Guerre qui revient* (Cerf 2022), *Crise de la connaissance, connaissance de la crise* (EMS 2022), *Au commencement était la guerre* (Fayard 2023), *Au bout de l'enquête* (Saison 1, First 2023), *Encyclopédie des faits divers au cinéma* (Gründ 2023), *Tu ne tueras point* (Fayard 2024), *Au bout de l'enquête* (Saison 2, First 2024), *Juger les terrorismes* (Cerf 2024), *Les Lois, décrets et arrêtés les plus c...* (First 2024), *Dictionnaire amoureux illustré du crime* (Gründ 2024).